春秋左傳註評測義

（第五册）

UESTCP
电子科技大学出版社

第五册目録

左氏傳測義

17

自五十六
至五十八

春秋左傳註評測義卷之五十六

明吳興後學淩稚隆輯著

昭公十一

【經】庚辰二十有一年。蔡侯元年春王三月。葬蔡平公。○夏。晉侯使士鞅來聘。晉頃公即位通嗣君○宋華亥向寧華定自陳入于宋南里以叛。南里宋城內里名○秋七月壬午朔日有食之。○八月乙亥。叔輒卒。叔弓之子伯張○冬。蔡侯朱出奔楚。杜預氏云朱爲大子則失位遂微弱爲國人所逐故以自出爲文○公如晉至河乃復。

【傳】二十一年。附錄春。天王將鑄無射。天王周景王無射鐘名（射）音亦泠州鳩曰王其以心疾死乎夫樂天子之職也夫音樂之輿也而鐘音之器也天子省風以作樂器以鐘之輿以行之小者不窕大者不摦則和於物物和則嘉成故和聲入於耳而藏於心心億則樂窕則不咸摦則不容心是以感感實生疾今鐘摦矣王心弗堪其能久乎泠樂官鳩其名職所主也有音然後相和成樂故音爲樂之輿有鐘然後考聲成聲故鐘爲音之器省風謂省風俗而作樂以移之鐘言其聚輿言其行窕狹細也摦橫大也嘉成嘉樂成也億安也言以器聚音以音行樂小者不至于窕細而不滿大者不至于摦橫而不入大小適均則能和于物物既和平則嘉樂告成故和平之樂入于人耳藏于人心心安則樂自生聲細則人心不能滿聲大則人心不能容不滿不容然後心有所感而生七情之疾杜預氏云爲明年天王崩傳〔泠〕音伶〔窕〕他彫反〔摦〕華去

○三月。葬蔡平公。蔡大子朱失位。位在卑。大夫送葬者歸。見昭子。昭子問蔡故。以告。昭子嘆曰。蔡其亾乎。若不亾。是君也必不終。詩曰。不解于位。民之攸塈。今蔡侯始即位。而適卑。身將從之。[失位謂不在適子位以長幼齒故位在卑以告以大子失位事告也君謂大子朱詩大雅假樂篇塈息也言不解怠於其職位民之所由以安息也蔡侯即大子朱杜預氏云爲蔡侯朱出奔傳【大】音泰【解】音懈【塈】希去]

○夏。晉士鞅來聘。叔孫爲政。季孫欲惡諸晉。使有司以齊鮑國歸費之禮爲士鞅。士鞅怒曰。鮑國之位下。其國小。而使鞅從其牢禮。是卑敝邑也。將復諸寡君。魯人恐。加四牢焉。爲十一牢。[叔孫婼也季孫意如也叔孫以三命爲國政季孫惽其位在已上欲使得罪于晉故

以七年禮士鞅謂是禮鮑國之禮以激怒士鞅鮑國
歸費在十四年杜預氏云言魯不能以禮事大國且
爲哀七年吳徵百牢起本惡去聲○愚按周禮使卿
主國待之饔餼五牢婼以七牢禮鞅亦過矣猶少之
耶宣子請環於鄭伯子産辛弗與宣子爲謝不敏以
婼之賢豈其爲鞅一怒遂棄周禮以從之葢必季孫
主之者而力
弗能禁矣
○宋華費遂生華貙華多僚華登貙爲少司馬多僚爲御士與貙相惡乃譖諸公曰貙將納亡人亟言之公曰司馬以吾故亡其良子死亡有命吾不可以再亡之對曰君若愛司馬則如亡死如可逃何遠之有
亡人謂華亥華亟數也司馬費遂也亡
良子謂華登前年奔吳再亡再逐貙也
多僚以公不忍故言君若愛司馬則亡去以避難然
死不可逃若可逃則在外亦不爲遠見雖亡亦不能
逃此難以恐動公
也惡去聲貙音區
公懼使侍人召司馬之侍人宜僚

飲之酒而使告司馬司馬歎曰必多僚也吾有讒子而弗能殺吾又不死抑君有命可若何乃與公謀逐華貙將使田孟諸而遣之使告司馬欲逐貙也讒子謂多僚言吾有多僚之讒子而不能早自誅殺吾又不自卽世致君有逐貙之命田獵也孟諸藪名公飲之酒厚酬之賜及從者司馬亦如之張匄尤之曰必有故使子皮承宜僚以劒而訊之宜僚盡以告張匄欲殺多僚子皮曰司馬老矣登之謂甚吾又重之不如亡也酬以幣侑勸也亦如之司馬賜貙亦如公賜也張匄華貙家臣尤之怪賜之厚也子皮卽華貙宜僚卽多僚以劒劫之也登華登也前登亡巳甚傷司馬心我不可又殺多僚以重傷之從去聲五月丙申子皮將見司馬而行則遇多僚御司馬而朝張匄不

勝其怒。遂與子皮、曰任、鄭翩殺多僚，刼司馬以叛，而召亾人。壬寅，華向入樂大心、豐愆、華牼禦諸橫。華氏居盧門，以南里叛。六月庚午，宋城舊鄘及桑林之門而守之。任翩皆貙家臣。橫，地名。大心等三人皆入公臣。盧門，宋東城南門。舊鄘，舊城也。華氏居宋城內，南里故宋脩舊鄘之城。桑林，宋城門名。牼音坑。

○秋七月壬午朔，日有食之。公問於梓慎曰：是何物也，禍福何爲？對曰：二至二分，日有食之，不爲災。日月之行也，分同道也，至相過也。其他月則爲災，陽不克也，故常爲水。物，事也。二分日夜等，故云同道。二至長短極，故云相過。日食，陰侵陽，是陽不勝也，故其災卒爲水。○汪克寬氏曰：梓慎不能因公之問，告以遇災而懼之意，乃曰不爲災，使公怠于脩政，遂致失國，蓋黨于季氏而姑爲諂諛以悅君也。於是叔輒哭日食。昭子曰。子叔將死。非所哭也。八月。叔輒卒。非所當哭而哭其精爽已逝故知其將死○附錄冬。十月。華登以吳師救華氏。齊烏枝鳴戍宋。廚人濮曰。軍志有之。先人有奪人之心。後人有待其衰。盍及其勞且未定也伐諸。若入而固。則華氏衆矣。悔無及也。從之。丙寅。齊師宋師敗吳師于鴻口。獲其二帥公子苦雂偃州員。登前奔吳故用吳師烏枝鳴齊大夫濮宋廚邑大夫未定營壘未定也入謂吳師固安定也鴻口宋地今河南歸德州舊有鴻口亭二帥吳大夫雂古含反華登帥其餘以敗宋師。公欲出。廚人濮曰。吾小人可藉死。而不能送亡。君請待之。乃狗曰。揚徽者。公徒也。衆從之。公自揚門見之。下而巡之曰國亾君死二三子之耻也豈專孤之罪也齊烏枝鳴曰用少莫如齊致死齊致死莫如去備彼多兵矣諸皆用劒從之華氏北復即之廚人濮以裳裹首而荷以走曰得華登矣遂敗華氏于新里翟僂新居于新里既戰說甲于公而歸華姓居于公里亦如之

餘呉之餘師出出奔也藉死借以死難也送亾送君出亾也請待待復戰决勝負也徽識也令其各自揚徽欲知功公多少以試衆心也揚門宋東門用少以少擊衆也備長兵也彼謂華氏北敗走也濮以裳裹死人之首而荷之以走詐言已得華登之首以奪其心新里華氏所取邑翟僂新宋公臣華姓華氏族一居華氏地而助公戰一居公里而助華氏杜預氏云傳言古之爲軍不呰小忿猶何可反說他活反姓他丁反

十一月癸未公子城以晉師至曹翰胡會晉荀吳

齊苑何忌衛公子朝救宋丙戌與華氏戰于赭丘鄭翩願爲鸛其御願爲鵝子祿御公子城莊堇爲右干犨御呂封人華豹張匄爲右城前年奔晉因請師救宋翰胡晉大夫苑何忌齊大夫公子朝前年出奔晉今還衛赭丘宋地鄭翩華氏黨鸛鵝皆陳名子祿莊堇公臣干犨華豹張匄亦華氏黨呂封呂邑封疆之官赭音者堇音謹犨尺由反相遇城還華豹曰城也城怒而反之將注豹則關矣曰平公之靈尚輔相余豹射出其閒將注則又關矣曰不狎鄙抽矢城射之殪張匄抽殳而下射之折股扶伏而擊之折軫又射之死干犨請一矢城曰余言女於君對曰不死伍乘軍之大刑也干刑而從子君焉用之子速諸乃射之

殪大敗華氏圍諸南里城以豹呼己故怒而反與之戰注謂傅矢於弓關與彎同彎弓而射也乎公城之父尚庶幾也出其間矢出子城子祿之間二曰皆城之言狎更也城言女頻射我不使我得更相射是爲鄙夫故豹抽矢不射城一發殪之殳長丈二在車傍句見豹欲事急抽殳而下車爲豹擊城城射折其股扶伏與匍匐同句力疾擊城折城車軫城又射句欲擊請一矢以求死城欲言於君而活之擘言同乘共伍而不能皆死則軍有大刑今我干軍之刑而從子以求生宋君安用我爲速諸求速死也關音彎相去聲射音石殳音殊女音汝

華亥搏膺而呼見華貙曰吾爲欒氏矣貙曰子無我迋不幸而後亡膺胷也晉欒盈還入作亂而死事在襄二十二年亥貙言我舉事不成而後死與欒氏同矣迋誑也貙言己猶能害宋不幸而後亡何至如欒氏而以誑我迋音誑

使華登如楚乞師華貙以車十五乘徒七十人犯師而出食於睢上哭而送之乃復入

楚薳越帥師將逆華氏大宰犯諫曰諸侯唯宋事其君今又爭國釋君而臣是助無乃不可乎王曰而告我也後既許之矣犯師而出犯公師出送華登也復入入南里也犯以諫楚王助亂爲不可王以先許故卒救之時衛有齊豹之亂魯二家專政故犯云然杜預氏云爲明年華向出奔楚傳[大]音泰

〇蔡侯朱出奔楚費無極取貨於東國而謂蔡人曰朱不用命於楚君王將立東國若不先從王欲楚必圍蔡蔡人懼出朱而立東國東國隱大子之子平侯盧之弟朱之叔父也君王謂楚平王朱愬于楚楚子將討蔡無極曰平侯與楚有盟故封其子有二心故廢之靈王殺隱大子其子與君同惡德君必甚又使立之不亦可乎且廢置在

君蔡無他矣有盟盟于鄧依陳蔡人以國是也其子謂朱也十一年蔡平侯與楚公子比殺靈王故言隱大子之子與君同惡無他無他心也大音泰○公如晉及河鼓叛晉晉將伐鮮虞故辭公晉克鼓在十五年至是鼓又叛晉屬鮮虞晉將有軍事無暇待賓且懼泄軍謀故辭公

經辛巳二十有二年蔡悼侯元年春齊侯伐莒○宋華亥向寧華定自宋南里出奔楚○大蒐于昌間無傳○夏四月乙丑天王崩○六月叔鞅如京師葬景王叔鞅叔弓之子王室亂諸子並爭亂在家室故不曰京師而言王室○劉子單子以王猛居于皇以者能廢立之也書王宜為王也書名未即位也辟子朝難故出居皇單音善○秋劉子單子以王猛入于王城入者難辭王城郟鄏也○冬十月

王子猛卒。子上加王表其爲天王未踰年之子以別於諸侯未踰年之子也○十有

二月癸酉朔日有食之。無傳

傳二十二年春王二月甲子齊北郭啓帥師伐莒莒

子將戰苑羊牧之諫曰齊帥賤其求不多不如下之

大國不可怒也弗聽敗齊師于壽餘。北郭啓齊大夫苑羊牧之莒大夫啓非齊卿故云賤壽餘莒地齊侯伐莒莒子行成司馬竈如莒涖

盟莒子如齊涖盟盟于稷門之外莒於是乎大惡其

君。齊侯怒敗故伐莒司馬竈齊大夫稷門齊城門杜預氏云爲明年莒子來奔傳惡去聲○楚

薳越使告于宋曰寡君聞君有不令之臣爲君憂無

寧以爲宗羞寡君請受而戮之越前年帥師救華氏故使人告于宋無寧

寧也宗宗廟也對曰孤不佞不能媚於父兄以爲君憂拜君之辱抑君臣日戰君曰余必臣是助亦唯命人有言曰唯亂門之無過君若惠保敝邑無亢不衷以奬亂人孤之望也唯君圖之楚人患之華向宋之公族故稱父兄日前日君謂楚君亢高衷善奬勸也言無高貴不善之事以勸亂人爲惡也宋以義拒楚故楚人患之諸侯之戍謀曰若華氏知困而致死楚恥無功而疾戰非吾利也不如出之以爲楚功其亦無能爲也已救宋而除其害又何求固請出之宋人從之致死則戍不可解疾戰則師或致敗故云非吾利出之聽其出奔也無能爲言華向亦無能爲宋害也宋人慮華氏更爲亂必欲殺之故諸侯固請然後從之己巳宋華亥向寧華定華貙華登皇奄

傷省臧士平出奔楚杜預氏云華貙以下五子經不書非卿也宋公使公孫忌為大司馬邊卬為大司徒樂祁為司城仲幾為左師樂大心為右師樂輓為大司寇以靖國人下平公曾孫祁子罕孫幾仲江孫輓子罕孫傳終梓慎之言三年而後弭〔卬〕音昂○王子朝賓起有寵於景王王與賓孟說之欲立之劉獻公之庶子伯蚠事單穆公惡賓孟之為人也願殺之又惡王子朝之言以為亂願去之子朝景王長庶子賓起子朝之傅孟即起也說語也王語孟欲朝為大子獻公劉摯也伯蚠劉狄也穆公單旗也子朝有欲立之言伯蚠惡之以為奸亂故欲逐去之使不立〔蚠扶粉反〕〔說如字〕〔惡〕去聲賓孟適郊見雄鷄自斷其尾問之侍者曰自憚其犧也遽歸告王且曰鷄其憚為人用

乎人異於是犧者實用人人犧實難已犧何害王弗應鷄畏其爲犧犧牲奉宗廟故自殘毀其尾孟言鷄爲犧牲雖見榮寵然終以見殺而畏懼若人見榮寵則當貴盛與鷄不同因以犧前言爲犧者實爲人所用如假他人爲犧必招禍難使爲犧自己則無患害意謂已當自立王子朝不可使單劉別立君也十五年太子壽卒王立子猛後復欲立子朝而未定聞賓孟言已心許之故不應難去聲夏四月王田北山使公卿皆從將殺單子劉子王有心疾乙丑崩于榮錡氏戊辰劉子摯卒無子單子立劉蚠五月庚辰見王遂攻賓起殺之盟群王子于單氏北山在今河南府城北王知單劉不欲立子朝欲因田獵先殺之未及先崩故猛得立榮錡今河南鞏縣有榮錡澗無子無適子見王見猛也懼群子黨朝故盟之從去聲

○附錄晉之取鼓也既獻而反鼓子焉又叛於鮮虞六

月荀吳畧東陽使師僞糴者負甲以息於昔陽之門外遂襲鼓滅之以鼓子鳶鞮歸使涉佗守之晉取鼓在十五年獻獻于廟反歸之也叛于鮮虞叛晉而屬于鮮虞也畧行也東陽晉之山東邑在今北直隸河間府竟息止也僞糴僞爲將販糴於鼓者昔陽鼓子所都涉佗晉大夫佗徒多反佗徒多反〇丁巳葬景王王子朝因舊官百工之喪職秩者與靈景之族以作亂帥郊要餞之甲以逐劉子壬戌劉子奔揚單子逆悼王于莊宮以歸王子還夜取王以如莊宮癸亥單子出王子還與召莊公謀曰不殺單旗不捷與之重盟必來背盟而克者多矣從之樊頃子曰非言也必不克遂奉王以追單子及領大盟而復殺摯荒

以說。劉子如劉。單子亾。乙丑。奔于平時。群王子追之。單子殺還姑發弱鬷延定稠。子朝奔京。丙寅。伐之。京人奔山。劉子入于王城。辛未。鞏簡公敗績于京。乙亥。甘平公亦敗焉。王子朝憑寵不立聚黨爲亂百工百官也靈景之族靈王景王之子孫郊要餞周三邑劉子伯蚠也揚周邑悼王子猛也莊宮莊王之廟單子慮其孤弱故迎之歸家王子還子朝黨不欲使單子得王乘夜取之單子失王故出召莊公名奐子朝黨旗單子也子還謀詐與單子重盟以致其來而殺之樊頃子名齊單劉黨故決其不克子還竟奉王追之領周地殺摯荒以自解取王之罪圖遂前謀也劉采地平時周地時劉子如采邑單子知子還欲背盟故出奔還以下八子皆靈景之族因戰而殺之子還及焉子朝以其黨奴故奔京京即京索伐之謂單子伐京鞏甘二公猛之黨爲子朝所敗〔喪〕〔要〕俱去聲〔背〕音佩〔說〕如字〔時〕音止

叔鞅至自京師。言王室之亂也。閔

馬父曰子朝必不克其所與者天所廢也叔鞅葬景王還逐言王室之亂經所以書亂閔馬父卽閔子馬魯大夫天所廢謂群喪職秩者○愚按欲卜子朝之不克當於其事之不順焉觀之如但以喪職秩故爲不足與也則將謂亂臣賊子有貴彊之援而後動於惡者其幾弗克乎此非君子所宜言

○單子欲告急於晉秋七月戊寅以王如平時遂如圃車次于皇圃車皇皆周地次舍也欲晉救以王出次示情急也

○劉子如劉單子使王子處守于王城盟百工于平宮辛卯鄩肹伐皇大敗獲鄩肹壬辰焚諸王城之市八月辛酉司徒醜以王師敗績于前城百工叛己巳伐單氏之宮敗焉庚午反伐之辛未伐東圉王子處守王城以拒子朝平宮平王之宮鄩肹子朝黨伐王猛所居之地醜王猛黨前城子朝所得邑百工因醜

敗故叛而伐單氏反爲單氏所伐而敗之東圉百工所居邑鄩音尋冬十月丁巳晉籍談荀躒帥九州之戎及焦瑕溫原之師以納王于王城庚申單子劉盆以王師敗績于郊前城人敗陸渾于社籍談荀躒皆晉大夫九州戎卽陸渾戎也焦瑕溫原晉四邑郊子朝邑前城人子朝衆也社周地○十一月乙酉王子猛卒不成喪也杜預氏云釋經所以不書王崩巳丑敬王卽位館于子旅氏敬王猛母弟公子匄也子旅周大夫杜預氏云乙酉在十一月經書十月誤雖未卽位周人謚曰悼王十二月庚戌晉籍談荀躒賈辛司馬督帥師軍于陰于侯氏于谿泉次于社王師軍于氾于解次于任人閏月晉箕遺樂徵右行詭濟師取前城軍其東南王師軍于京楚辛丑伐

京。毀其西南。陰籍談所軍侯氏荀躒所軍谿泉賈辛所軍社司馬督所次汜解任人皆王師
所分之邑箕遺以下三子皆晉大夫濟師渡伊洛東
南前城之東南時子朝在京故共伐之。○汪克寬氏
曰劉單當艱難之秋任托孤之寄擁悼立敬其功亦
不細矣劉原父及文定公所以責二子者蓋猶霍光
驂乘之戒罪其大
專無人臣之禮爾

春秋左傳註評測義卷之五十六 終

春秋左傳註評測義卷之五十七

明吳興後學凌稚隆輯著

昭公十二

[經]壬午周敬王元年二十有三年春王正月。叔孫婼如晉。無傳謝取郊師[婼]音綽○癸丑。叔鞅卒。無傳○晉人執我行人叔孫婼。○晉人圍郊。郊周邑圍郊郊討子朝也杜預氏云圍郊在叔鞅卒前經書後從赴夏六月蔡侯東國卒于楚。無傳○秋七月。莒子庚輿來奔。○戊辰。吳敗頓胡沈蔡陳許之師于雞父雞父楚地今南直隸壽州竟有雞備亭胡子髡。沈子逞。滅。獲陳夏齧夏齧徵舒玄孫[齧]言入○天王居于狄泉。狄泉在今河南府城東洛水北即成周也居狄泉辟子朝也。

孔頴達氏曰此事無傳其文不言無傳者傳稱六月庚寅單子劉子樊齊以王如劉當從劉而居狄泉故不云無傳

○尹氏立王子朝尹氏周世卿不言尹子而言氏明其氏族強故能立之也立自尹氏明非周人所欲立也○八月乙未地震○冬公如晉至河有疾乃復

傳二十三年春正月壬寅朔二師圍郊癸卯郊鄩潰丁未晉師在平陰王師在澤邑王使告閒庚戌還二師王師晉師也郊鄩二邑皆子朝所得今河南偃師縣有鄩溪平陰澤邑皆周地時子朝敗王使人告閒暇于晉故晉師還鄩音尋閒如字。呂祖謙氏曰當是時王必以爲無暇于晉師故使告閒而晉因此遂還然晉師還而子朝之勢復熾若因郊潰遂取子朝不至如後日之難○邾人城翼還將自離姑公孫鉏曰魯將御我欲自武城還循山而南。徐鉏。丘弱茅地。曰。道下遇雨。將不出。是不歸也。遂自離姑。武城人塞其前斷其後之木而弗殊。邾師過之。乃推而蹷之。遂取邾師獲鉏弱地。邾人愬于晉。晉人來討。翼與離姑皆邾邑公孫鉏邾大夫御禦也邾魯竟界相錯如師從離姑則道經魯之武城恐魯人禦之故鉏欲不過武城依山南而歸徐鉏三人皆邾大夫三人恐雨山道下濕將不得歸故不從鉏言塞其前以兵塞其前道也殊絕蹷仆也推弗絕之木仆地以塞後路也禦音御蹷音厥叔孫婼如晉。晉人執之。書曰。晉人執我行人叔孫婼。言使人也。諸侯有罪盟主當以罪討之不當執其使者故書行人譏晉之執使人也使去聲晉人使與邾大夫坐。叔孫曰。列國之卿。當小國之君。固周制也。邾又夷也。寡君之命介子服回在。請使當之。不敢廢周制故也。乃不果坐。坐訟曲直也在禮卿不會公侯得會伯子男故云當小國之君邾雖有東夷之風故云夷子服回魯大夫爲叔孫之介副韓宣子使邾人聚其衆。將以叔孫與之。叔孫聞之。去衆與兵而朝士彌牟謂韓宣子曰。子弗良圖。而以叔孫與其讎。叔孫必死之。魯亡叔孫。必亡邾。邾君亡國。將焉歸。子雖悔之。何及。所謂盟主。討違命也。若皆相執。焉用盟主。乃弗與。與之使執之也去衆與兵示欲以身死義不爲辱彌牟即士景伯時邾君在晉若魯滅亡其國必無所歸將益晉憂故云悔之何及若皆相執言若以叔孫與邾是使諸侯皆得相執也使各居一館。士伯聽其辭而愬諸宣子。乃皆執之。士伯御叔孫從者四人。過邾館以如吏。先歸邾子。晉人使叔孫與子服回各居一館不得相見各聽其辭二子辭不直故士伯愬而執之御引也士伯引叔孫詣于獄既減其侍從必先過于邾君之館然後以之如吏欲使邾人見其屈辱也先歸邾子以邾子理直故也從去聲下同 士伯曰。以芻蕘之難。從者之病。將館子於都。叔孫旦而立期焉。乃館諸箕。舍子服昭伯於他邑。芻刈草蕘採薪難艱難也都別都即箕也立待命也從旦至明曰爲期子服昭伯即子服回別因以困之期音朞 范獻子求貨於叔孫。使請冠焉。取其冠法。而與之兩冠。曰盡矣。獻子欲求貨而以請冠爲辭叔孫先取作冠法以爲製別冠而後以二冠與之曰冠盡矣絶其後請也 爲叔孫故。申豐以貨如晉。叔孫曰。見我。吾告女所行貨。見而不出。申豐欲以貨免叔孫叔孫留豐不出不欲以貨免也爲去聲○家鉉翁氏曰叔孫會于虢莒人訴取鄆將戮之樂王鮒求貨于叔孫豹召使者裂裳帛而與之卒弗與賄筎豹之子也今爲晉所執范鞅求貨亦弗與父子所守如此亦可嘉矣吏人之與叔孫居於箕者請其吠狗弗與及將歸殺而與之食之叔孫所館者雖一日必葺其牆屋去之如始至初不與示不相假也後食之示不愛也所居雖暫必治臨行如始皆見嚴整無所苟也〇夏四月乙酉單子取訾劉子取牆人直人六月壬午王子朝入于尹癸未尹圉誘劉佗殺之丙戌單子從阪道劉子從尹道伐尹單子先至而敗劉子還己丑召伯奐南宮極以成周人戍尹庚寅單子劉子樊齊以王如劉甲午王子朝入于王城次于左巷訾牆直皆子朝所得邑入尹自京入尹氏之邑圉尹文公子朝黨佗劉伯蚠族敬王黨召伯奐南宮極皆周卿士子朝黨王如劉辟子朝也單音善訾音資秋七月

戊申。鄩羅納諸莊宮。尹辛敗劉師于唐。丙辰。又敗諸鄩。甲子。尹辛取西闈。丙寅。攻蒯。蒯潰。羅周大夫鄩肸之子莊宮莊公之廟尹辛尹氏族唐西闈皆周地蒯敬王邑今河南洛陽縣舊有蒯鄉王師敗邑潰於是敬王居狄泉尹氏立子朝○姜寶氏曰子朝久未得立以人心不服而前此有劉單挾猛以相抗也今猛卒而劉單敗敬王雖立然勢未張于是始自郊入尹依尹氏得立焉 莒子庚輿虐而好劍。苟鑄劍必試諸人。國人患之。又將叛齊。烏存帥國人以逐之。庚輿將出。聞烏存執殳而立於道左。懼將止死。羊牧之曰。君過之。烏存以力聞可矣。何必以弒君成名。遂來奔。齊人納郊公。庚輿即庚輿烏存莒大夫殳長丈二無刃牧之亦莒大夫庚輿著丘公之弟郊公著丘公之子十四年奔齊[好]去聲[殳]音殊 ○吳人伐州來。楚遂越帥師及諸侯之師。奔命救州來。吳人禦諸鍾離。子瑕卒。楚師熸。州來楚邑時令尹子瑕以疾將兵遂越攝其事而瑕既卒其軍人無復鬭志熸火滅也熸音尖吳公子光曰。諸侯從於楚者衆。而皆小國也。畏楚而不獲已。是以來。吾聞之曰。作事威克其愛。雖小必濟。胡沈之君幼而狂。陳大夫齧壯而頑。頓與許蔡疾楚政。楚令尹死。其師熸。帥賤多寵。政令不壹。七國同役而不同心。帥賤而不能整。無大威命。楚可敗也。若分師先以犯胡沈與陳。必先奔。三國敗。諸侯之師乃搖心矣。諸侯乖亂。楚必大奔。請先者去備薄威。後者敦陳整旅。狂則輕頑則無謀疾楚政則不盡力此下文所謂七國不同心也遂越非正僞故云師賤軍多寵人不聽命故政令不壹此下文所謂師賤不能整也先謂在軍之前行者去其戰備薄其威嚴示之以不整而誘之後謂在軍之後列者敦厚其陳整齊其列持之以整重而待之師所類反陳整直吉陣吳子從之。戊辰晦。戰于鷄父。吳子以罪人三千先犯胡沈與陳。三國爭之。吳爲三軍以擊於後。中軍從王。光帥右。掩餘帥左。吳之罪人或奔或止。三國亂。吳師擊之。三國敗。獲胡沈之君及陳大夫。舍胡沈之囚。使奔許與蔡頓。曰。吾君死矣。師譟而從之。三國奔。楚師大奔。兵忌晦戰此用晦日擊楚之不意也掩吳王僚子罪人不習戰故用以先犯胡沈與陳誘其爭獲罪人故亂舍縱之也許蔡頓鬭縱囚之言故奔書曰。胡子髠沈子逞滅。獲陳夏齧。君臣之辭也。不言戰。楚未陳也。國君社稷之主與宗廟同其存亾故生得曰獲死曰滅非滅國之城也大夫輕故生死皆曰獲○八月丁酉南宮極震南宮極朝黨以地震而死經書乙未地震魯地也傳稱丁酉南宮震則周地亦震周魯相去千里故震日不同萇弘謂劉文公曰君其勉之先君之力可濟也周之亾也其三川震今西王之大臣亦震天弃之矣東王必大克文公即劉伯蚠先君謂其父獻公也獻公欲立子猛未及而卒故云先君之力可濟周亾謂幽王時三川涇渭洛也地震山岸崩也子朝在王城故謂西王敬王居狄泉在王城之東故謂東王大臣即極也○附錄楚大子建之母在郥召吳人而啓之冬十月甲申吳大子諸樊入郥取楚夫人與其寶器以歸郥郥陽也平王前娶秦女廢大子建故母歸其家啓開導也楚夫人即建母孔穎達氏云吳子諸樊王僚伯父何容僚子乃與同名此應傳寫誤爾大音泰郥扁入楚司

馬薳越追之。不及。將死。衆曰。請遂伐吳以徼之。薳越曰。再敗君師。死且有罪。亡君夫人。不可以莫之死也。乃縊於薳澨。徼要其勝負也。此年秋巳敗鷄父。恐往而復敗。是再敗也。薳澨楚地。澨市制反

○公爲叔孫故如晉。及河。有疾而復。此年春晉爲邾執叔孫故。公如晉謝之。爲去聲

○附錄 楚囊瓦爲令尹。城郢。囊瓦子囊之孫子常也。代陽匄爲令尹。郢楚都。楚用子囊遺言巳築郢城。今懼吳故復增脩之。沈尹戌曰。子常必亡郢。苟不能衛。城無益也。古者天子守在四夷。天子卑。守在諸侯。諸侯守在四鄰。諸侯卑。守在四竟。愼其四竟。結其四援。民狎其野。三務成功。民無內憂。而又無外懼。國焉用城。今吳是懼。而城於郢。守巳小矣。卑之不

獲能無亾乎。言古之天子德及遠方故四夷爲守衛若卑則四夷交侵藉諸侯爲守矣諸侯親仁善鄰故鄰國爲守衛若卑則鄰國交侵完四竟自守矣結四援要結四鄰以爲助也狎安習也三務春夏秋之務小狹小也言諸侯卑則守四竟今城國都則守又小不得爲卑故知其亾竟音境昔梁伯溝其公宫而民潰民弃其上不亾何待夫正其疆埸修其土田險其走集親其民人明其伍候信其鄰國愼其官守守其交禮不僭不貪不懦不耆完其守備以待不虞又何畏矣詩曰無念爾祖聿修厥德無亦監乎若敖蚡冒至于武文土不過同愼其四竟猶不城郢今土數圻而郢是城不亦難乎。梁伯事在僖十九年走集邊之壘壁通人行者伍部伍候候望官守官所守之法度交禮交際之禮不僭守信也不貪廉正也懦弱者施也詩大雅文王篇無念念也聿述也義取念爾祖則述其德以顯之若敖蚡冒武文楚四君皆賢方百里爲一同方千里爲一圻難難以爲安也杜預氏云爲定十四年吳入楚傳（圻）音祈○愚按前于囊瓦言城郢君子謂之忠此囊瓦城郢而戌以爲必亡者何居葢共王當楚盛時而囊思城其國都是防患于預有謀國之深思焉乃令郢既城矣而瓦以畏吳之故增修其城是忽于遠圖而自保不遑者也有不可同日而語者

【經】癸未二十有四年。蔡昭侯元年 春王二月丙戌仲孫貜卒。無傳仲孫貜孟僖子也（貜）俱縛反 ○婼至自晉。內大夫行還不書至婼以執而見釋故書至自晉喜其得釋也 ○夏五月乙未朔日有食之。○秋八月大雩。○丁酉杞伯郁釐卒。無傳 ○冬吳滅巢。巢楚邑 ○葬杞平公。無傳傳二十四年附錄春王正月辛丑召簡公南宮嚚以甘桓公見王子朝簡公召莊公子召伯盈也嚚南宮極子桓公甘平公子嚚音銀劉子謂萇弘曰甘氏又往矣對曰何害同德度義大誓曰紂有億兆夷人亦有離德余有亂臣十人同心同德此周所以興也君其務德無患無人度謀也言惟德同則能謀度于義大誓周書篇夷人平人也亂治也君謂劉平公言商周之興𢧵在德不在衆今子朝不德無害于我當修德以勝之大音泰戊午王子朝入于鄔時子朝稍強○晉士彌牟逆叔孫于箕叔孫使梁其踁待于門內曰余左顧而欬乃殺之右顧而笑乃止叔孫見士伯士伯曰寡君以爲盟主之故是以久子不腆敝邑之禮將致諸從

者使彌牟逆吾子叔孫受禮而歸晉將禮叔孫而歸之故迎于箕其梁其踁叔孫家臣叔孫疑士伯來殺已故謀先殺以以欵爲號既而以久執謝禮遣之故叔孫竟受其禮以歸[欵]開去[從]去聲○傳遂氏曰邾莒之難一也叔孫父子守正不屈不唯國免于兵而且足以爲國之重意如逃遁苟免大致辱國人材之係于國也諒哉然豹遇趙孟則以賢聞而免戮婼遇韓范則危困而幾殆又可以見晉政之汚隆矣

二月婼至自晉尊晉也卿當備書名氏婼不書氏所以尊晉也○附錄

三月庚戌晉侯使士景伯涖問周故士伯立于乾祭而問於介衆晉人乃辭王子朝不納其使涖臨也使臨問于朝敬王之曲直乾祭王城北門介大也衆言子朝曲故不納其使[乾]音干[祭]側界反[使]去聲

○夏五月乙未朔日有食之梓慎曰將水昭子曰旱也日過分而陽猶不克克必甚能無旱乎陽不克

莫將積聚也慎以陰勝陽故將水昭子以過春分陽氣盛而不勝陰陽將猥出故爲旱蓋陽不勝陰莫然不動必將積聚爲災也○陸粲氏曰于日食占水旱亦未之前聞○附錄六月壬申王子朝之師攻瑕及杏皆潰鄭伯如晉子大叔相見范獻子獻子曰若王室何瑕杏皆敬王邑相相禮也大音泰相去聲對曰老夫其國家不能恤敢及王室抑人亦有言曰嫠不恤其緯而憂宗周之隕爲將及焉今王室實蠢蠢焉吾小國懼矣然大國之憂也吾儕何知焉吾子其早圖之詩曰鉼之罄矣惟罍之恥王室之不寧晉之恥也老夫子大叔自稱恤憂也嫠寡婦也織者常苦緯少故嫠當恤其緯將及恐偏及已也蠢蠢動擾貌詩小雅蓼莪篇鉼小罍大皆酒器罄盡也鉼資于罍若鉼罄則罍爲無餘故恥之以喻王室衰微依

恃在晉而無力以助之是爲晉之恥也○潁音尹尹爲去聲壘音雷獻子懼而與宣子圖之乃徵會於諸侯期以明年宣子韓起也杜預氏云爲明年會黃父傳○秋八月大雩旱也終如叔孫之言○附錄冬十月癸酉王子朝用成周之寶珪于河甲戌津人得諸河上陰不佞以溫人南侵拘得玉者取其玉將賣之則爲石王定而獻之與之東訾朝以珪禱河求福既珪自出于水神不受也陰不佞敬王大夫溫人晉師也時敬王在東故不佞以溫兵南侵子朝拘得玉者而取之則玉變而爲石及敬王定其位石又變爲玉故不佞獻于王王喜得玉而與之東訾之邑○楚子爲舟師以略吳疆沈尹戌曰此行也楚必亡邑不撫民而勞之吳不動而速之吳踵楚而疆埸無備邑能無亡乎畧行也疆疆界也行吳之

彊界將侵之速召之也踵躡其後也(埸)音亦越大夫胥犴勞王於豫章之汭越公子倉歸王乘舟倉及壽夢帥師從王王及圉陽而還吳人踵楚而邊人不備遂滅巢及鍾離而還汭水曲歸遺也壽夢越大夫圉陽楚地(犴)音岸(勞)去聲沈尹戌曰亾郢之始於此在矣王壹動而亾二姓之帥幾如是而不及郢詩曰誰生厲階至今爲梗其王之謂乎二姓之帥謂守巢鍾離二大夫詩大雅桑柔篇厲惡階道梗病也杜預氏云爲定四年吳入郢傳

經甲申二十有五年春叔孫婼如宋○夏叔詣會晉趙鞅宋樂大心衛北宮喜鄭游吉曹人邾人滕人薛人小邾人于黃父黃父晉地○有鸜鵒來巢(鸜)音劬(鵒)音欲○秋七

月上辛大雩季辛又雩上辛上旬之辛季辛下旬之辛又重上事也不言大承上可知○九月己亥公孫于齊次于陽州諱奔故云孫若自孫讓而去位者陽州齊魯境上邑孫音遜齊侯唁公于野井弔失國曰唁野井今山東禹城縣有野井亭唁音彥○家鉉翁氏曰書齊侯唁者再非與其能唁也譏其無救災恤患之失也○冬十月戊辰叔孫婼卒○十有一月己亥宋公佐卒于曲棘曲棘宋地今河南杞縣有曲棘里○十有二月齊侯取鄆鄆魯邑取鄆以居公也

傳二十五年春叔孫婼聘于宋桐門右師見之語卑宋大夫而賤司城氏右師樂大心官居桐門卑宋大夫以宋大夫爵位爲卑下也司城樂氏之祖爲司城因以名族賤亦卑之也昭子告其人曰右師其亾乎

君子貴其身而後能及人是以有禮今夫子卑其大夫而賤其宗是賤其身也能有禮乎無禮必亡君子必自貴重其身而後能以其道及於人故尚禮有禮而後存今右師反是自亡之道也杜預氏云爲定十年樂大心出奔傳

宋公享昭子賦新宮昭子賦車轄明日宴飲酒樂宋公使昭子右坐語相泣也新宮逸詩車轄詩小雅篇周人思得賢女以配君子昭子將爲季孫迎宋公女故賦之右坐坐宋公右以相近改禮坐也轄胡瞎反樂音洛

樂祁佐退而告人曰今茲君與叔孫其皆死乎吾聞之哀樂而樂哀皆喪心也心之精爽是謂魂魄魂魄去之何以能久佐謂助宴禮也哀樂可樂而哀也樂哀可哀而樂也精血爽明也血屬陰故爲魄明屬陽故爲魂杜預氏云爲此冬叔孫宋公卒傳樂音洛喪去聲下同

季公若之姊

爲小邾夫人。生宋元夫人。生子以妻季平子。昭子如宋聘。且逆之。公若從。謂曹氏勿與。魯將逐之。曹氏告公。公告樂祁。樂祁曰。與之。如是。魯君必出。政在季氏三世矣。魯君喪政四公矣。無民而能逞其志者。未之有也。國君是以鎮撫其民。詩曰。人之云亡。心之憂矣。魯君失民矣。焉得逞其志。靖以待命猶可。動必憂。公若平子庶叔父姊與公若同毋從從昭子也曹小邾姓宋元夫人也逐逐平子公謂宋公如是言果欲逐季氏也三世文子武子平子也四公宣公成公襄公昭公也逞志謂逐平子詩大雅瞻卬篇言無人則亶憂患至一命天命也杜預氏云爲下公孫于齊傳妻從去聲○汪克寬氏曰昔也討私邑使公孫之卿圍之今也娶已妻使公室之卿逆之名雖爲臣實行魯君之事尚何待昭公孫齊而後專魯哉○夏會于黃父謀王室也。王室有子朝之亂晉會諸侯謀定之趙簡子令諸侯之大夫輸王粟具戍人曰明年將納王簡子趙鞅也時天王出居狄泉故言明年將納王于王城○季本氏曰敬王既立久而方謀謀而即散使敬王三年始入成周則諸大夫不能急定王都之故也然十國咸集皆知有周而輸粟具戍之令猶足以係屬國人視前年晉人圍郊之氣勢不同矣非敬王得位以正能服人心諸侯安能無異議如此子大叔見趙簡子。簡子問揖讓周旋之禮焉。對曰是儀也非禮也簡子曰敢問何謂禮。本其心謂之禮察其貌謂之儀行禮必爲儀儀爲儀未是禮故云儀非禮也大音泰對曰吉也聞諸先大夫子產曰夫禮天之經也。地之義也民之行也天地之經而民實則之則天之明因地之性生其六氣用其五行氣爲五味發爲五色章爲五聲淫則昏亂民失其性經者道之常義者利之宜行者人所履天經地義其實一理故揔而言之謂天地之經言經不言義省文也則法也日月星辰天之明也民實法之以用其明高下剛柔地之性也民實因之以順其性六氣陰陽風雨晦明五行金木水火土五味酸鹹辛苦甘五色青黄赤白黒五聲宫商角徵羽氣薰染也發有形可見也淫過也言氣味聲色各有節文若過則失其性此揔其綱下詳其目是故爲禮以奉之爲六畜五牲三犧以奉五味爲九文六采五章以奉五色爲九歌八風七音六律以奉五聲奉養而成之也六畜牛馬雞犬豕五牲麋鹿麏狼兎或曰五牲即六畜初養爲畜將用爲牲但去馬爲羽毛完具曰犧三犧謂天地宗廟之犧九文山龍華藻蟲火粉米黼黻六采雜用天地四方之色青白赤黒玄黄五章謂青與赤之文赤與白之章白與黒之黼黒與青之黻五色備之繡九歌八風七音六律鮮見二十年此鮮五味五色五聲亂音蓄爲君臣上

下以則地義。君上臣下所以法地勢高下之義此觧因地性意爲夫婦外內。以經二物。物事也夫治外婦治內所以經紀內外之二事此觧天地經而民則之意爲父子兄弟姑姊甥舅昏媾姻亞。以象天明。妻父曰昏重昏曰媾壻父曰姻兩壻相謂曰亞九族親疎自然條理所以象天之明此觧則天明意爲政事庸力行務以從四時。爲刑罰威獄使民畏忌以類其震曜殺戮爲溫慈惠和。以效天之生殖長育。在君爲政在臣爲事民功曰庸治功曰力行行其德教務務其時要從順也順民春耕夏耘秋收冬藏之事威可畏也獄罪人也震雷曜電也殺戮霜雪也震曜殺戮天之威也聖人作刑獄以類天之義氣春生夏長天之恩也聖人施恩惠以法天之仁氣此觧用其五行意民有好惡喜怒哀樂生于六氣。是故審則宜類以制六志。哀有哭泣。樂有歌舞。喜有施舍。

怒有戰鬭。喜生於好。怒生於惡。是故審行信令。禍福賞罰。以制死生。生好物也。死惡物也。好物樂也。惡物哀也。哀樂不失。乃能協于天地之性。是以長久。好惡喜怒哀樂民之常情即六志也則物則也自稟賦言類事類也自應接言審察六志之則使與事得宜而無過不及之差也哀哀大聲曰哭細聲有涕曰泣施與所當與也舍免所當免也列陳曰戰力爭曰鬭行施爲也令號令也審則不差信則不易禍以制人之死福以制人之生生爲好事物死爲惡事物好則爲樂惡則爲哀人知生可樂而死可哀則皆爲善以取福不爲惡以取禍乃能則天同地和協于陰陽風雨晦明之六氣能與天地流通不生疾而悠久也此解生其六氣意好惡俱去聲樂音洛簡子曰。甚哉禮之大也。對曰。禮上下之紀。天地之經緯也。民之所以生也。是以先王尚之。故人之能自曲直以赴禮者。

謂之成人。大不亦宜乎。民有禮則生無禮則死故云所以生人性之曲者以禮猶之使就于直人性之直者以禮猶之使就於曲如此而後成乎人 簡子曰。鞅也請終身守此言也。鞅能守此言故終免于晉陽之難 宋樂大心曰。我不輸粟。我於周爲客。若之何使客。樂大心右師也宋殷王後故於周爲客使客使客輸粟也 晉士伯曰。自踐土以來。宋何役之不會。而何盟之不同。曰同恤王室。子焉得辟之。子奉君命以會大事。而宋背盟。無乃不可乎。踐土在僖二十八年辟音避背音佩 右師不敢對。受牒而退。於時號令輸王粟具戍人之數書之於牒 士伯告簡子曰。宋右師必亡。奉君命以使。而欲背盟以干盟主。無不祥大焉。杜預氏云爲定十年宋樂大心出奔傳 ○有鸜鵒來巢。書所無也此鳥穴居非魯所有故書師已曰異哉吾聞文成之世童謠有之曰鸜之鵒之公出辱之鸜鵒之羽公在外野往饋之馬鸜鵒跦跦公在乾侯徵褰與襦鸜鵒之巢遠哉遥遥裯父喪勞宋父以驕鸜鵒鸜鵒往歌來哭童謠有是今鸜鵒來巢其將及乎師已魯大夫鸜鵒二字分言之取叶韻也出辱出奔之辱羽飛貌在外野出在郊外之野跦跦跳行貌徵求也褰袴也襦內衣也乾侯齊邑今爲北直隷成安縣巢高居貌遥遥遠也言鸜鵒出奔之地遠而又遠也裯昭公名死于外故云喪勞宋定公名立爲君故云以驕重呼鸜鵒傷之甚也昭公生出故歌死還故哭將及將及此事也總言鸜鵒之事應在昭公失國[跦]音殊[褰]音愆[喪]去聲

○秋書再雩旱甚也○初季公鳥娶妻於齊鮑文子生申公鳥死季公亥與公思展與公

鳥之臣申夜姑相其室。及季姒與饔人檀通而懼。乃
使其妾抶已以示秦遄之妻曰。公若欲使余。余不可。
而抶余。又訴於公甫曰。展與夜姑將要余。秦姬以告
公之。公之與公甫告平子。平子拘展於卞。而執夜姑
將殺之。公若泣而哀之曰。殺是是殺余也。將爲之請。
平子使豎勿內。日中不得請。有司逆命。公之使速殺
之。故公若怨平子。公鳥公亥皆平子庶叔父公亥卽公若思展季氏族相治也季姒卽
公鳥妻鮑文子女也饔人食官名檀抶扑也秦遄魯
大夫其妻公鳥妹秦姬也使使以非禮也公甫平子
弟要劫以非禮也公之亦平子弟卞平子邑夜姑家
臣而要主其罪尤重故獨殺之是指夜姑公若與夜
姑共相公鳥之室故云殺是是殺余豎主通請謁者
逆迎也有司執夜姑之有司欲迎受生殺之命此節

言平子得罪於公若〔相〕去聲〔扶〕去聲〔遄〕市專反〔要〕平聲〔爲〕去聲〔内〕音納 季郈之鷄鬬。季氏介其鷄。郈氏爲之金距。平子怒。益宮於郈氏。且讓之。故郈昭伯亦怨平子。郈昭伯魯大夫孝公八世孫食邑于郈因以爲氏與平子居相近故鬬鷄今山東曲阜縣有鬬鷄臺介甲也以甲衛其羽使取勝距鷄足後如錐者以金飾鷄距以碎其甲怒謂其不下已益宮侵其宮以自益也讓責也此節言平子得罪於郈氏〔郈〕音后 臧昭伯之從弟會爲讒於臧氏而逃於季氏。臧氏執旃。平子怒。拘臧氏老。昭伯臧爲子旃之也老家臣也事見此年冬此節言平子得罪於臧氏〔從〕去聲 將禘於襄公。萬者二人。其衆萬於季氏。臧孫曰。此之謂不能庸先君之廟。大夫遂怨平子。禘合祭也萬舞名於禮公當二十六人今僅二人其衆俱萬于季氏之家廟臧卽昭伯不能庸言弃禮太甚將廢之不用也此節言平子得罪于魯大夫。○林堯叟氏曰孔子謂季氏八佾舞于廟恐即此事公若獻弓於公爲。且與之出射於外。而謀去季氏。公爲告公果公賁。公果公賁使侍人僚柤告公。公寢將以戈擊之。乃走。公曰。執之。亦無命也。懼而不出數月不見。公不怒。又使言。公執戈以懼之。乃走。又使言。公曰。非小人之所及也。公果自言。公以告臧孫。臧孫以難告郈孫。郈孫以可勸。告子家懿伯。懿伯曰。讒人以君徼幸。事若不克君受其名。不可爲也。舍民數世以求克事。不可必也且政在焉。其難圖也。公退之。辭曰。臣與聞命矣。言若洩。臣不獲死。乃館於公。叔孫昭子如闞。公居於長府。

公爲昭公子務人也公果公賁皆其第公畏季氏權勢故佯怒欲擊僚柤無命無受命之人也小人言其微不足謀大公果知公意順故自言難難逐也郈孫即郈昭伯可可逐也勸勸公逐也子家懿伯莊公玄孫讒人謂公若郈孫之徒受名徒以虛名受禍也舍失也克克事猶成事也退之使懿伯去也懿伯恐洩受命之罪故留公宮以自明闕魯邑長府官府名與音預

九月戊戌伐季氏殺公之于門遂入之平子登臺而請曰君不察臣之罪使有司討臣以干戈臣請待於沂上以察罪弗許請囚于費弗許請以五乘亾弗許子家子曰君其許之政自之出久矣隱民多取食焉爲之徒者衆矣日入慝作弗可知也衆怒不可蓄也蓄而弗治將蘊蘊蓄民將生心生心同求將合君必悔之弗聽郈孫曰必殺

之。公使郈孫逆孟懿子沂上謂魯城南沂水之上季氏迫于難三請命不得子家子郈懿伯政自之出政令自季氏出也隱民潛亾逃匿者日入日冥也慝姦惡也言日冥之後姦惡之人或起而叛君助季氏衆季氏之衆蓄聚蘊積也言積其所蓄之怒則民將生異心異心一生則與季氏求同叛君者將合而攻君也孟懿子郈仲孫何忌叔孫氏之司馬鬷戾言於其衆曰。若之何。莫對。又曰。我家臣也。不敢知國。凡有季氏與無於我孰利。皆曰無季氏。是無叔孫氏也。鬷戾曰。然則救諸。師徒以往。陷西北隅以入。公徒釋甲。執冰而踞。遂逐之。衆疑所助故莫對三家一體有脣亾齒寒之勢故云是無叔孫氏也冰矢筩其蓋可以取飲踞傲慢也言無戰心遂逐公徒也鬷子公反孟氏使登西北隅以望季氏。見叔孫氏之旌。以告。孟氏執郈昭伯。殺之于南門之西。遂伐公徒。孟懿子亦疑所助，故使登高望季氏觀勝負。郈昭伯時往迎孟懿子，故就執之。子家子曰：諸臣僞劫君者，而負罪以出，君止。意如之事君也，不敢不改。公曰：余不忍也。與臧孫如墓謀，遂行。諸臣，公若等。公本意自伐季氏，非由諸臣所劫，今子家盡欲令諸臣等僞作劫君以伐季氏者，令負罪而出，君自可止不出，冀幾季氏有所懲，必稍改其所爲。公不忍留魯國，遂如墓辭先君，且謀所奔。已亥，公孫于齊，次于陽州。齊侯將唁公于平陰，公先至于野井。齊侯曰：寡人之罪也。使有司待于平陰，爲近故也。書曰：公孫于齊，次于陽州，齊侯唁公于野井。禮也。將求於人，則先下之，禮之善物也。平陰，齊邑。昭公未敢直前，故次陽州以待齊命。齊侯未至平陰，昭公欲迎齊侯，故過平陰，先至野井以待之。齊侯自咎本不勑有司詰陽州而欲會于平陰故令魯侯至野井見迎蓋爲平陰近而陽州遠故也昭公先往野州得下人之禮物事也〔孫〕去聲〔爲〕去聲○季本氏曰公知齊人不拒而漸進以至于野井齊果出逆而唁之亦可以見景公能不失禮矣景公自守之君也何以責其能定魯哉而况公初至之時魯亦未能遽爲謀也先儒譏其無納公之實蓋要其終而言耳

齊侯曰。自莒疆以西。請致千社。以待君命。寡人將帥敝賦以從執事。唯命是聽。君之憂。寡人之憂也。公喜。子家子曰。天禄不再。天若胙君。不過周公。以魯足矣。失魯而以千社爲臣。誰與之立。且齊君無信。不如早之晉。弗從。莒疆莒國封疆也二十五家爲社齊侯欲以二萬五千家之賦致于昭公以待伐季氏之命胙福也言天若福君不能過于周公周公止封于魯則以魯封君亦足矣今君有魯而失之乃以千社之地稱臣于齊則從亾者皆弃君而去文誰與之共立也之往也臧昭伯率從者將盟載書曰。戮力壹心，好惡同之。信罪之有無，繾綣從公，無通外內。昭伯率從亾之人爲盟不得扳公信盟也處者有罪從者無罪必明辯之繾綣不離散也通變通也外言不入內言不出無得變通也好〔惡〕俱去聲〔從〕去聲〔綣〕權上以公命示子家子。子家子曰：如此，吾不可以盟。羈也不佞，不能與二三子同心，而以爲皆有罪。或欲通外內，且欲去君。二三子好亾而惡定，焉可同也。陷君於難，罪孰大焉。通外內而去君，君將速入，弗通何爲。而何守焉。乃不與盟。羈子家子名二三子謂從亾者從者陷君處者逐君故云皆有罪或欲通內外爲彼此辭說也且欲去君爲負罪出奔也好亾好出奔惡定惡歸國自或欲通外內以下釋同好惡之非勸君逐季氏陷之于難是從者亦有大罪不獨留者自陷

君於難以下釋言罪有無之非入歸國也何守何必
守公而不去也自通外內以下釋繾綣從公無通外
內之非好惡難俱去聲與音預○昭子自闞歸。見平子。平子稽顙曰。
子若我何。昭子曰。人誰不死。子以逐君成名。子孫不
忘。不亦傷乎。將若子何。平子曰。苟使意如得改事君。
所謂生死而肉骨也。昭子從公于齊。與公言。子家子
命適公館者執之。公與昭子言於幄內。曰將安衆而
納公。公徒將殺昭子。伏諸道。左師展告公。公使昭子
自鑄歸。昭子言平子雖死而逐君之惡名子孫不能弭忘我不能爲女謀也改改過也昭子以季
氏悔過之意與公言子家子恐從者知其謀故命執適公館者昭子請歸安衆而後納公從公者恐公獨
歸衆不得入故欲殺昭子左師展魯大夫公恐昭子爲伏兵所殺故使伇取道自鑄以歸平子有

異志。冬十月辛酉。昭子齊於其寢。使祝宗祈死。戊辰。卒。有異志不欲復納公也昭子耻爲平子所欺因祈死而自殺齊音齋○汪克寬氏曰春秋賢臣憂國而祇死者有二晉范文子以厲公無道慮國難之將作魯叔孫婼以昭公失國因憤意如見欺皆愛君憂國之至因禱以自裁也○愚按當平子登臺三請危亦甚矣設非西北隅之陷亾可立待昭子何以不取驟戾正其罪而誅之竊意昭子自闞歸平子之勢巳成即欲誅之力亦有不能者不得巳謀安衆而後納公而平子巳有異志知其莫可誰何于是自祈而死以盡臣子之節不可謂非忠矣雖然與其死而無濟于公也曷若愬盟主討叛臣必求復君而後巳有如不克然後以死繼之此正命也李之何踵范子之故智而近于匹夫之爲諒哉左師展將以公乘馬而歸。公徒執之。展欲與公乘騎輕歸公徒不欲而執展○附錄壬申。尹文公涉于鞏。焚東訾。弗克。文公子朝黨焚以火攻也東訾敬王邑今河南鞏縣有訾城○十一月。宋元公將爲公故如晉。夢大子欒即位於廟。已與平公服而相之。時昭公孫齊故欲如晉請納昭公平公元公父服朝服也爲去聲大音泰相去聲旦召六卿。公曰。寡人不佞。不能事父兄。以爲二三子憂。寡人之罪也。若以群子之靈。獲保首領以殁。唯是楄柎所以籍幹者。請無及先君。父兄謂華向楄柎棺中笭牀也幹骸骨也無及欲自貶損也元公以憂爲死兆故其命群臣云然楄蒲田反柎音附仲幾對曰。君若以社稷之故。私降昵宴。群臣弗敢知。若夫宋國之法。死生之度。先君有命矣。群臣以死守之。弗敢失隊。臣之失職。常刑不赦。臣不忍其死。君命祗辱。昵近也私降昵宴私自降損昵近宴樂之事死生之度送死事生之法度不忍其死不忍亂法自速其死祗適也言君命必不行適

以自辱也〔隧〕音隧宋公遂行己亥卒于曲棘杜預氏云爲明年梁丘據語起
本○十二月庚辰齊侯圍鄆時公客處齊齊取以居公杜預氏云不書圍鄆
人自服不成圍也○附錄初臧昭伯如晉臧會竊其寶龜僂句
以卜爲信與僭僭吉臧氏老將如晉問會請往昭伯
問家故盡對及內子與母弟叔孫則不對再三問不
對歸及郊會逆問又如初至次于外而察之皆無之
執而戮之逸奔郈臧會昭伯從弟僂句龜所出地因以爲名僭不信也以卜所爲信與
不信之事不信得吉問問昭伯起居故事也昭伯問其妻其弟其叔其孫不對者若有他故以疑昭子也
如初又不對也昭伯既至懷疑不入其家乃次舍于外而察之皆無他故執戮惡其詐也逸逸也僂力主
反〔句〕居具反郈魴假使爲賈正焉計於季氏臧氏使五人

以戈楯伏諸桐汝之閭會出逐之反奔執諸季氏中門之外平子怒曰何故以兵入吾門拘臧氏老季臧有惡及昭伯從公平子立臧會會曰僂句不余欺也魴假郈邑大夫賈正掌貨物之官計送計簿也桐汝里名會自季氏出伏兵逐之會反奔季氏故執之于中門之外有惡相讎怨也昭伯從昭公出奔季孫恨之乃立會爲臧氏後不余欺言卜不信果驗杜預氏云傳言卜筮之驗善惡由人〔魴〕音防〔賈〕音價〔邑〕去聲○附錄楚子使薳射城州屈復茄人焉城丘皇遷訾人焉使熊相禖郭巢季然郭卷子大叔聞之曰楚王將死矣使民不安其土民必憂憂將及王弗能久矣薳射熊相禖季然楚三大夫州屈丘皇巢卷楚四邑茄訾皆楚地杜預氏云爲明年楚子居卒傳〔茄〕音加〔禖〕音梅〔卷〕音權

左傳卷之五十七　終

春秋左傳註評測義卷之五十八

明吳興後學凌稚隆輯著

昭公十三

經乙酉二十有六年宋景公元年春王正月。葬宋元公。○三月。公至自齊。居于鄆。公已失位而猶書至書居所以存魯君而抑亂賊也○夏公圍成。成孟氏邑今山東寧陽縣有成城○秋。公會齊侯莒子邾子杞伯盟于鄟陵。鄟陵地闕○公至自會居于鄆。無傳○九月。庚申。楚子居卒。○冬。十月。天王入于成周。書入難詞杜預氏云傳言王入在子朝奔後經在前者子朝告晚○尹氏召伯毛伯以王子朝奔楚。杜預氏云書奔在王入下者王入乃告諸侯傳二十六年（附錄）春王正月庚申。齊侯取鄆。杜預云前已取鄆至是乃發傳者爲公處鄆起○葬宋元公。如先君禮也。善其違命以合禮○三月。公至自齊。處于鄆。言魯地也。公雖未入國都而處于鄆乃魯之地故書至○夏齊侯將納公。命無受魯貨。申豐從女賈以幣錦二兩。縛一如瑱。適齊師謂子猶之人高齮能貨子猶爲高氏後粟五千庾。高齮以錦示子猶。子猶欲之。齮曰魯人買之百兩一布。以道之不通。先入幣財。子猶受之。豐賈皆季氏家臣幣錦以錦爲幣也二丈爲一端二端爲一兩縛卷也瑱充耳也急卷爲一如充耳易於懷藏也子猶梁丘據也高齮子猶家臣十六斗曰庾豐賈言若能爲我行貨於子猶當請使爲高氏後又當致粟五千庾布陳也財與材同齮言魯人買此錦甚多欲陳百爲獻爲道路不通先以二兩見幣財之矣如此女音汝縳直轉反瑱顛去齮魚綺反言於齊侯曰羣臣不盡力于魯君者。非不能事君也。然據有異焉。宋元公爲魯君如晉。卒于曲棘。叔孫昭子求納其君。無疾而死。不知天之弃魯耶。抑魯君有罪於鬼神故及此也。君若待于曲棘。使羣臣從魯君以卜焉。若可。師有濟也。君而繼之。茲無敵矣。若其無成。君無辱焉。齮欲行其說故先言盡力于魯君以事齊君據子猶名異怪也君元公叔孫婼事皆在前年卜卜可伐與否爲去聲

齊侯從之。使公子鉏帥師從公。鉏齊大夫公昭公○季本氏曰梁丘據受季孫貨而說齊侯使不納公其事不可謂無但景公方信用晏子必不爲據言所動其所以不納公者亦由其本無遠志又見公甚失人心故但居之於鄆使不失所則自以爲盡職矣於景公又何責焉若謂使

公子鉏帥師從公圍成晏子必不勸君爲此而亦不合經公圍成之書也成大夫公孫朝謂平子曰有都以衛國也請我受師許之請納質弗許曰信女足矣告于齊師曰孟氏魯之敝室也用成已甚弗能忍也請息肩于齊齊師圍成成人伐齊師之飲馬于淄者曰將以厭衆魯成備而後告曰不勝衆師及齊師戰于炊鼻朝欲以成禦齊師于境不使及國恐見疑故請納質敝壞也用成用成之民力也息肩如荷重力不勝欲止息也許言欲降將以緩齊之伐齊師信之故圍成以俟降淄水名厭服也齊師飲馬于淄而成敗之詐言衆心不服姑伐以厭衆待守備既成乃告齊云衆不欲降已不能勝衆心遂與齊師戰炊鼻魯地[質]音致[女]音汝[厭]音掩[勝]音升齊子淵捷從洩聲子射之中楯瓦繇朐汏輈七入者三寸聲子射其

馬斬鞅殪改駕人以爲鬷戾也而助之子車曰齊人也將擊子車子車射之殪其御曰又之子車曰衆可懼也而不可怒也子囊帶從野洩叱之洩曰軍無私怒報乃私也將亢子又叱之亦叱之冉豎射陳武子中手失弓而罵以告平子曰有君子白皙鬒鬚眉甚口平子曰必子彊也無乃亢諸對曰謂之君子何敢亢之淵捷齊大夫從逐之也聲子魯大夫楯瓦楯脊也繇與由同經也朐車軛也汏矢激過也軥車轅也匕矢鏃也蓋矢鏃經由車軛激過車轅中入楯脊三寸見其弓力多而矢入深也在腹曰鞅殪死也聲子斬斷淵捷馬鞅馬死故改駕別馬人魯人也鬷戾叔孫司馬也魯人誤以捷爲戾而助之戰子車即淵捷亦疑爲齊人而試呼之魯人方知非戾遂擊捷爲捷所射而死其御又欲射餘人捷以爲不可怒衆

止之囊帶齊大夫野洩即聲子亢御禦也聲子欲以公戰御禦帶不欲私報其叱而帶復叱之故聲子亦叱冉豎季氏家臣陳武子齊大夫罵武子罵也白晳顏色潔白也鬒稠也或曰黑也甚口大口也子彊即武子冉豎既射子彊而曰何敢亢者僞言以順季氏也傳言齊二人逐聲子俱縱之歸見齊人無戰心〔射〕音石〔中〕去聲〔朐〕音渠〔輈〕音舟〔匕〕音比〔鬒〕之忍反林雍羞爲顏鳴右。下。苑何忌取其耳。顏鳴去之。苑子之御曰。視下顧。苑子刜林雍。斷其足。鑋而乘於他車以歸。顏鳴三入齊師。呼曰。林雍乘。林雍顏鳴皆魯人下下車戰也何忌齊大夫不欲殺雍但截其耳以辱之鳴見雍被獲懼而去之御者復欲何忌擊其足故使下顧刜擊也鑋一足行也鳴不以私怨相弃三入齊師呼雍共乘傳見魯人皆致力于季氏〔刜〕音弗〔鑋〕音磬〇附錄四月。單子如晉。告急。五月。戊午。劉人敗王城之師于尸氏。戊辰。王城人。劉人。戰于施谷。劉師敗績。劉人敬王之師王城子朝之師尸氏施谷皆周地今河南府有尸鄉○秋。盟于鄟陵。謀納公也。齊侯之謀○愚按此盟蓋景公假納公之大義以爲糾合之謀者也使其志能及遠雖北杏之業何難哉而堇堇集諸小國卒不能謀納公也則爭霸之畧止于如此矣

○附録七月己巳。劉子以王出。庚午。次于渠。王城人焚劉。丙子。王宿于褚氏。丁丑。王次于萑谷。庚辰。王入于胥靡。辛巳。王次于滑。渠周地劉劉子邑王師敗而懼弃劉邑而出故王城人燒劉邑褚氏萑谷胥靡滑皆周地(萑)音丸晉知躒趙鞅帥師納王。使女寬守闕塞。女寬晉大夫闕塞今河南府城西有闕塞山守之以備子朝也(知)音智(躒)音歷(女)音汝(塞)素代反○九月。楚平王卒。令尹子常欲立子西。曰。大子壬弱。其母非適也。王子建實聘之。子西長而好善。立長

則順建善則治王順國治可不務乎子西平王庶長子大子壬即昭王其母嬴王子建所聘而平王奪之者（大）音泰（適）音的下同（長）上聲（好）去聲子西怒曰是亂國而惡君王也國有外援不可瀆也王有適嗣不可亂也敗親速讎亂嗣不祥我受其名賂吾以天下吾滋不從也楚國何爲必殺令尹廢嫡立長故云亂國謂大子母爲建聘故云惡君王大子秦女所出故云外援瀆慢也秦女爲夫人故云適嗣不立秦出秦將來討是速仇也以庶長亂適嗣是不祥也名簒國之名滋益也言使我受此惡名即以天下賂我我益不從何况楚國令尹懼乃立昭王○冬十月丙申王起師于滑辛丑在郊遂次于尸十一月辛酉晉師克鞏召伯盈逐王子朝王子朝及召氏之族毛伯得尹氏固南宮嚚奉

周之典籍以奔楚。陰忌奔莒以叛。召伯逆王于尸。及劉子單子盟。遂軍圉澤。次于隄上。癸酉。王入于成周。甲戌盟于襄宮。晉師使成公般戍周而還。十二月癸未王入于莊宮。起發也郊鞏皆子朝邑尸即尸氏晉師即知躒趙鞅之師伯盈本子朝黨見晉師克鞏知子朝不成更逐之而逆敬王尹召二族皆奔故稱氏陰忌子朝黨莒周邑召伯即召伯盈新還故盟圉澤隄上皆周地成周洛陽也襄宮襄王之廟成成公般晉大夫戍周以備子朝也莊宮在王城

般音班

王子朝使告于諸侯曰。昔武王克殷。成王靖四方。康王息民。並建母弟以蕃屏周。亦曰吾無專享文武之功。且爲後人之迷敗傾覆。而溺入于難。則振救之。言此三王皆封建同姓兄弟以爲周室之蕃屏其意亦曰吾不可以一己專享文武之天下且慮後

世子孫或有昏亂危亾陷入于患難者則兄弟之國共振起而救援之此言先王立諸侯以振救王室〔難去聲〕

至于夷王王愆于厥身諸侯莫不並走其望以祈王身至于厲王王心戾虐萬民弗忍居王于彘諸侯釋位以閒王政宣王有志而後效官至于幽王天不弔周王昏不若用愆厥位攜王奸命諸侯替之而建王嗣用遷郟鄏則是兄弟之能用力于王室也愆惡疾也

夷王身有惡疾諸侯莫不徧禱于羣望之神以祈王疾之瘳也厲王夷王子彘地名厲王戾虐民不堪命流王于彘諸侯皆釋去其位以理之使少有間豫宣王厲王子宣王復位方以官政授之于王幽王宣王子弔恤若順愆失奸犯替廢也幽王不順于道失厥位廢太子宜臼而寵褒姒之子伯服以奸立嫡之命及犬戎伐周幽王死諸侯共廢伯服而立宜臼是爲平王東遷郟鄏此歷言諸侯能振救王室〔攜戶圭反〕

(郟)音夾(鄏)音辱至于惠王，天不靖周，生頹禍心，施于叔帶。惠襄辟難，越去王都，則有晉鄭咸黜不端，以綏定王家。則是兄弟之能率先王之命也。

惠王平王六世孫頹惠王庶叔包藏禍心莊十九年作亂惠王適鄭施及也叔帶襄王弟僖二十四年作亂襄王處氾黜去也不端不正也晉文殺叔帶鄭厲殺子頹爲王室去不正之人此言晉鄭能振救王室(施)去聲(辟)(難)俱去聲

在定王六年，秦人降妖，曰：周其有頾王，亦克能修其職，諸侯服享，二世共職。王室其有間王位，諸侯不圖，而受其亂災。

定王襄王之孫定王六年魯宣八年也妖妖言也頾口上鬚也周有一王生即有頾能修若職諸侯服從享止于二世其後王室有間奪王位者諸侯不謀之而受其難秦人妖言止此蓋間王位者本謂子朝也今子朝反以爲王猛受亂災者本謂楚也今子朝反以爲晉此述妖言爲下文受亂災張本(頾)音髭須

共音恭

至于靈王生而有頿王甚神聖無惡于諸侯靈王景王克終其世今王室亂單旗劉狄剝亂天下壹行不若謂先王何常之有唯余心所命其誰敢討之帥群不弔之人以行亂于王室侵欲無厭規求無度貫瀆鬼神慢弃刑法倍奸齊盟傲狠威儀矯誣先王晉爲不道是攝是贊思肆其罔極茲不穀震盪播越竄在荆蠻未有攸底若我一二兄弟甥舅獎順天法無助狡猾以從先王之命毋速天罰赦圖不穀則所願也敢盡布其腹心及先王之經而諸侯實深圖之

靈王定王孫景王靈王子單旗穆公也劉狄劉蚠也壹專若順也常常法也言二子爲先王立嗣無常法

惟我心之所欲則命爲君誰敢有議其非而討之者予相恤也行亂謂立猛規取貫習瀆易也倍即背奸犯也齊盟齊一之盟矯誣先王言立猛詐爲景王命也攝執持也贊佐助也肆從也罔極無窮極也茲此也不穀子朝自稱震盪驚動也播越遷踰也攸所底至也獎勸使也天法上下自然之禮也狡猾指單劉也先王之命即下文擇立長是也速召也赦寬其憂也經經常之德也圖謀其難也此方指時事以應妖言言諸侯不見振救厭去聲底音止

昔先王之命曰。王后無適。則擇立長。年鈞以德。德鈞以卜。王不立愛。公卿無私。古之制也。言王后無嫡子則擇立庶子之長者若庶子年同擇立有德者若德同又擇立卜吉者君從是命不敢立愛子臣從是命不敢有私黨此述先王立長之經適音的下同長上聲

穆后及大子壽早夭即世。單劉贊私立少。以閒先王。亦唯伯仲叔季圖之。十五年大子壽卒穆后亦崩贊助也言單劉助景王私意而立少君閒先王閒錯先王之

制也伯仲叔季總謂諸侯此言不當立少（大）音泰閔馬父聞子朝之辭曰文辭以行禮也子朝干景之命遠晉之大以專其志無禮甚矣文辭何爲子私遠離也大大國也專志專行簒位之志杜預氏云傳終王室亂

○附錄齊有彗星齊侯使禳之彗出齊之分野示田氏將簒齊也禳謂祭以禳除之晏子曰無益也秪取誣焉天道不諂不貳其命若之何禳之且天之有彗也以除穢也君無穢德又何禳焉若德之穢禳之何損詩曰惟此文王小心翼翼昭事上帝聿懷多福厥德不囬以受方國君無違德方國將至何患於彗詩曰我無所監夏后及商用亂之故民卒流亾若德囬亂民將流亾祝史之爲無能

禆也。誣欺也謟與諂讀字不同疑也言天道禍福人國其意明白無可疑者不可得而移易也彗星似篲故爲除穢之象何損無損於禍也詩大雅大明篇翼翼共順貌昭明也聿語詞懷來回邪也言文王德不違天故四方之國往歸之又詩逸詩也言我無所監視惟監夏商之亾皆以亂政故也爲所爲也

公說。乃止。說音悅○附錄齊侯與晏子坐于路寢。公嘆曰。美哉室。其誰有此乎。晏子曰。敢問何謂也。公曰。吾以爲在德。路寢正寢景公自知德不能久有國故發此嘆對曰。如君之言。其陳氏乎。陳氏雖無大德。而有施于民。豆區釜鐘之數。其取之公也薄。其施之民也厚。公厚斂焉。陳氏厚施焉。民歸之矣。詩曰。雖無德與女。式歌且舞。陳氏之施。民歌舞之矣。後世若少惰。陳氏而不亾。則國其國也已。

四升爲豆四豆爲區四區爲釜釜十爲鍾此公量也若陳氏私量五升爲豆則區釜與鍾皆大矣取之薄謂以公量取施之厚謂以私量發詩小雅車舝篇式用也言雖無大德以及於女要有喜悅之心亦用歌舞之（女）音汝

公曰善哉是可若何對曰唯禮可以已之在禮家施不及國民不遷農不移工賈不變士不濫官不滔大夫不收公利已止也大夫止施于家不得及國惡收民心也不移不變守常業也濫泛濫不自守也士農工賈各守其業申言民不遷意滔慢也在官者各守職不敢過越故大夫不敢收公家之利申言家施不及國意（賈）音古

公曰善哉我不能矣吾今而後知禮之可以爲國也對曰禮之可以爲國也久矣與天地並君令臣共父慈子孝兄愛弟敬夫和妻柔姑慈婦聽禮也君令而不違臣共而不貳父慈而教

子孝而箴。兄愛而友。弟敬而順。夫和而義。妻柔而正。姑慈而從。婦聽而婉。禮之善物也。有天地則禮義與故云與天地並箴諫友善也義則和而不流正則柔非軟美慈而從則不自專聽而婉則能委曲物事也禮自本體而言禮之善自人行禮而言(共)音恭公曰。善哉。寡人今而後聞此禮之上也。對曰。先王所稟于天地。以爲其民也。是以先王上之。言先王稟受此禮于天地以爲治民設也是以先王尊尚之

春秋左傳註評測義五十八卷 終

左氏傳測義

18

自五十九
至六十二

春秋左傳註評測義卷之五十九

明吳興後學凌稚隆輯著

昭公十四

經 丙戌 二十有七年。楚昭王元年 春。公如齊。自鄆行也 公至自齊。居于鄆。○高閌氏曰書公至自齊居于鄆者三至自會居于鄆者一至自乾侯居于鄆者一書至書居我君故也 ○夏。四月。吳弑其君僚。稱國以弑言舉國皆欲弑之罪在僚也 ○楚殺其大夫郤宛。書名以其信讒取敗罪在宛也 ○秋。晉士鞅宋樂祁犂衛北宮喜曹人。邾人。滕人。會于扈。○冬。十月。曹伯午卒。無傳 ○邾快來奔。無傳快邾命卿故書○高閌氏曰逼臣逐君而邾快來奔從其類也 ○公如齊。自鄆行也 公至自齊。居于鄆。無傳傳二十七年春。公如齊。公至自齊。處于鄆。言在外也。前年齊取鄆以居公故公處于鄆言在外邑故經書地○吳子欲因楚喪而伐之。使公子掩餘。公子燭庸帥師圍潛。使延州來季子聘于上國。遂聘于晉。以觀諸侯。前年楚平王卒故吳欲乘其喪掩餘燭庸皆王僚母弟潛楚邑在今南直隸廬江縣竟季子本封延陵後復封州來故云延州來上國中國也吳辟在東地勢卑下故以中國爲上國觀觀其強弱也楚莠尹然。工尹麇帥師救潛。左司馬沈尹戌帥都君子與王馬之屬以濟師。莠尹工尹楚官然麇其名也都君子在鄙邑之士有復除者王馬之屬王之養馬官屬校人也濟師益其師也莠音有麇音君與吳師遇于窮。令尹子常以舟師及沙汭而還。左尹郤宛。工尹壽帥師至于潛。吳師不能退。窮地闕沙水名遇窮之師當吳之前至潛之所要吳之後故吳不得退去〔宛〕音宛吳公子光曰此時也弗可失也告鱄設諸曰上國有言曰不索何獲我王嗣也吾欲求之事若克季子雖至不吾廢也鱄設諸曰王可弒也母老子弱是無若我何光曰我爾身也光以二弟在外爲敵所制國內空虛欲乘此弒王故云時弗可失索求也吳壽夢生四子諸樊餘祭夷昧季札季札賢諸樊餘祭不以國與子而與季札札不受則國宜與諸樊子光僚乃夷昧子越光而代札故光自言王嗣克勝也至謂聘還設諸恐巳死之後不能存立故欲以老弱托光也我爾身者言我身猶爾身不必以老弱爲念也〔鱄〕音專夏四月光伏甲於堀室而享王王使甲坐於道及其門門階戶席皆王親也夾之以鈹羞者獻體改服於門外執羞者坐行而入執鈹者

夾承之及體以相授也。光僞足疾入于堀室。鱄設諸寘劍於魚中以進。抽劍刺王。鈹交於胷。遂弒王。闔廬以其子爲卿。堀室掘地爲室預爲避討親親客也自門而階而戸而席皆王親客之人又夾之以鈹言守衛嚴密也鈹劍之別名羞進食也進食者必解體易服于門外膝行而入執鈹者以鈹夾承之及進食者之體而後以所進食授王左右而後進光恐難作王黨殺己故僞足疾入于堀室設諸炙全魚置劍于中以刺王雖執鈹者交刺其胸而竟弒之闔廬即光也子設諸之子（鈹）音披

季子至。曰。苟先君無廢祀。民人無廢主。社稷有奉。國家無傾。乃吾君也。吾誰敢怨。哀死事生。以待天命。非我生亂。立者從之。先人之道也。復命。哭墓。復位而待。言我哀王僚之死事闔廬之生以待天命非敢亂父子相傳之序蓋吳自諸樊以下父子不相傳但兄弟立者從之爲君

父矣季子自知力不能討光故云然于是季子復使命哭于僚王之墓復其本位而待公子光之命○王世貞氏曰季札蓋智人也得老氏之精而用之夫以諸樊之爲長焉而讓夷祭夷昧之爲仲爲叔焉而讓即中人亦勉能之夷昧沒而猶讓則非中人所能也彼見夫吳之俗狠戾而好戰日尋楚之干戈而僚以貪愎躁勇之性光以狡悍忍姤之資左右焉其人目睨而齒擊蓋未嘗一日而忘乎王位也札欲以禮息鬭而不能以義割恩而不忍其身之不恤而何有於國故孰計而舍之非得已也彼二人者感札之子立而不忮安札之無欲而不疑以其屬尊而不之逼而札始得爲札矣吾故曰季札智人也得老氏之精而用之者也

吳公子掩餘奔徐。公子燭庸奔鍾吾。楚師聞吳亂而還。鍾吾小國今爲南直隸宿遷縣二公子與王僚同母故奔郤宛以乘亂不祥故還○

郤宛直而和。國人說之。鄢將師爲右領。與費無極比而惡之。令尹子常賄而信讒。無極譖郤宛焉。謂子常曰子惡欲飲子酒又謂子惡令尹欲飲酒於子氏子惡曰我賤人也不足以辱令尹令尹將必來辱爲惠已甚吾無以酬之若何無極曰令尹好甲兵子出之吾擇焉取五甲五兵曰寘諸門令尹至必觀之而從以酬之直言事君和言接類右領官名子惡郎御究辱屈辱也酬報獻也出出其所有擇擇以進子常他日以下無極之辭說音悅比音鼻及饗日帷諸門左無極謂令尹曰吾幾禍子子惡將爲子不利甲在門矣子必無往且此役也吳可以得志子惡取賂焉而還又誤群帥使退其師曰乘亂不祥吳乘我喪我乘其亂不亦可乎令尹使視郤氏則有甲焉不往召鄢將師而告之

究信無極之言張帷甲兵於門左此役謂此春救潛
之役吳可得志言楚可得志于吳也曰下一句舉究
當時之辭吳乘以下二句皆無極
之辭告之告以究有甲兵欲害巳將師退遂令攻郤
氏且爇之子惡聞之遂自殺也國人弗爇令曰不爇
郤氏與之同罪或取一編菅焉或取一秉秆焉國人
投之遂弗爇也令尹炮之盡滅郤氏之族黨殺陽令
終與其弟完及佗與晉陳及其子弟晉陳之族呼於
國曰鄢氏費氏自以爲王專禍楚國弱寡王室蒙王
與令尹以自利也令尹盡信之矣國將如何令尹病
之爇燒其家也編菅編茅以覆屋者秆藁也投投菅
秆于地也炮亦燒也令終陽匄子晉陳楚大夫皆
郤氏黨爲王爲楚王也蒙欺也杜預氏云爲下殺無
極張本【爇】軟入【菅】音奸【秆】古旦反【炮】音庖○張洽氏

曰特國人之悅已而無見幾知人之明以立于無道之朝至于見殺宜矣○秋。會于扈。令戍周。且謀納公也。宋衛皆利納公。固請之。子朝雖奔而其黨猶在敬王勢微不能自固故戍之范獻子取貨於季孫。謂司城子梁與北宫貞子曰。季孫未知其罪。而君伐之。請囚請亡。於是乎不獲。君又弗克。而自出也。夫豈無備而能出君乎。季氏之復。天救之也。休公徒之怒。而啓叔孫氏之心。不然。豈其伐人而說甲執冰以游。叔孫氏懼禍之濫。而自同於季氏。天之道也。魯君守齊。三年而無成。季氏甚得其民。淮夷與之。有十年之備。有齊楚之援。有天之贊。有民之助。有堅守之心。有列國之權。而弗敢宣也。事君如在國。故執以爲難。二子皆圖國者也。
而欲納魯君。執之願也。請從二子以圍魯。無成。死之。
子梁宋樂祁也貞子衛北宮喜也君謂魯君請囚請
亾事在二十五年復復存也休息啓開也言季氏被
伐而復安乃天意實救之故使公徒休息其怒又開
叔孫氏之心以救之說甲執氷以游此天休公徒之
怒懼禍之濫及而叛此天啓叔孫之心淮夷魯東夷
公雖在齊而齊不致力其實與楚黨援季氏故云有
齊楚之援天之贊謂天救之民之助謂淮夷與之堅
守之心謂有十年之備列國之權謂有齊楚之援宣
用也言平于守臣節不敢宣用事昭公猶如在魯郎
後歸馬具衣屨之類難難納也無成死之示不徒還
以恐二子說他活反二子懼。皆辭。乃辭小國而以難復。以難復以難納
復晉君也○家鉉翁氏曰齊景爲鄟陵之盟而梁丘
據入季氏之錦晉頃爲扈之會而士鞅納季氏之貨
二君憒然無知以爲魯之休戚無關于已孰知田常
韜禍于齊六卿伏憂于魯晉人積薪而不悟使二君

能爲魯討賊亦足以讎内盜之膽也○附錄孟懿子陽虎伐鄆。鄆人將戰。子家子曰。天命不慆久矣。使君亾者必此衆也。天既禍之。而自福也。不亦難乎。猶有鬼神。此必敗也。嗚呼。爲無望也夫。其死於此乎。陽虎季氏家臣欲奪公鄆使不得居子家言天命弃君已久使君敗亾者爲此好戰之衆也天既禍魯而衆乃違天以求福雖有鬼神助君此戰必敗又嘆以爲無復望其復國必終死于鄆蓋子家意欲公靜以俟命不欲公戰敗以褻威也　公使子家子如晉。公徒敗于且知。公不聽子家言故使如晉且知近鄆地(且)音沮○愚按臣子而可敗君乎哉陽虎逆儔不足責孟懿子嘗學于仲尼盍其昧于大義卒至于此春秋不書竊有疑焉

○附錄楚郤宛之難。國言未已。進胙者莫不謗令尹。國言國人之謗言謗詛也國中祭祀進胙肉者皆詛子常(難)去聲　沈尹戌言於子常曰。

夫左尹與中廄尹莫知其罪而子殺之以興謗讟至于今不已戌也惑之仁者殺人以掩謗猶弗爲也今吾子殺人以興謗而弗圖不亦異乎夫無極楚之讒人也民莫不知去朝吳出蔡侯朱喪大子建殺連尹奢屏王之耳目使不聰明不然平王之溫惠共儉有過成莊無不及焉所以不獲諸侯邇無極也今又殺三不辜以興大謗幾及子矣子而不圖將焉用之夫鄢將師矯子之命以滅三族國之良也而不愆位吳新有君疆埸日駭楚國若有大事子其危哉知者除讒以自安也今子愛讒以自危也甚矣其惑也左尹郤宛

也中廄陽令終也去朝吳在十五年出蔡侯朱在二
十一年喪大子建殺連尹奢在二十年屏蔽也成莊
楚之成王莊王不獲諸侯不得爲諸侯盟主也邇近
也三不辜謂郤氏陽氏晉陳氏幾及子禍將及子也
三族卽三不辜不愆位在位無愆過也新君謂光大
事軍旅之事（喪）去聲（大）音泰（共）音恭（幾）音祈（埸）音亦
（知）音智 子常曰。是瓦之罪。敢不良圖。九月。己未。子常殺
費無極與鄢將師。盡滅其族。以說于國。謗言乃止。說解
說也（說）如字 ○冬。公如齊。齊侯請饗之。子家子曰。朝夕立
於其朝。又何饗焉。其飲酒也。乃飲酒。使宰獻而請安。
子仲之子曰重。爲齊侯夫人。曰。請使重見。子家子乃
以君出。饗食謂饗大牢以飲賓是爲禮之大者子家念齊無納公之意度其必不加禮于公故云其
飲酒也齊君果如其言禮君不敵臣宴大夫使宰爲獻
比昭公爲大夫也請安齊侯請自安不在坐也子仲

魯公子慭也十二年謀逐季氏不能而奔齊生女名重爲景公夫人行飲酒禮而欲使重見從宴媟也故子家使公避之○邵寶氏曰饗名而燕非禮也燕而宰獻且終之以媟非禮甚矣子家其明於上下之分乎其明于男女之別乎不然旣謝饗而復以君出何其果也○附錄

十二月晉籍秦致諸侯之戍于周。魯人辭以難籍秦籍談子會邑令戍周至是致之魯人以昭公之難爲辭經所以不書戍周難去聲

經丁亥二十有八年吳王闔廬元年春王三月葬曹悼公。無傳○公如晉次于乾侯次止而有待之意乾侯齊邑○王葆氏曰昭公之春秋五書如晉至河乃復傷其見拒於晉也兩書如晉次于乾侯傷其不得入于晉也書至見猶不失其國也書次則止于是無可復之道矣昭公之跡愈遠愈微而愈不能自振亦可見矣○夏四月丙戌鄭伯寧卒。無傳○六月葬鄭定公。無傳○秋七月癸巳滕子

寧卒。無傳。○冬，葬滕悼公。無傳。

傳 二十八年春，公如晉，將如乾侯。子家子曰：「有求於人而即其安，人孰矜之？其造於竟。」弗聽。齊侯卑公，故公適晉，即就矜憐也。子家欲使公次于晉竟以待其命。造七報反。竟音境。下同。使請逆於晉。晉人曰：「天禍魯國，君淹恤在外，君亦不使一个辱在寡人，而即安於甥舅，其亦使逆君？」使公復于竟而後逆之。請逆使人請晉逆己也。淹留恤憂也。一个單使也。即就也。甥舅謂齊也。亦使逆，言當自使齊逆君也。復于竟，使公復還于晉之竟而後迎之，居乾侯。杜預氏云：言公不能用子家所以見辱。○劉敞氏曰：左傳記晉人云魯不告于晉。去年謀納公，是魯告晉矣，豈得誣其不告哉。○附錄

晉祁勝與鄔臧通室。祁盈將執之，訪於司馬叔游。叔游曰：「鄭書有之：惡

直醜正實蕃有徒。無道立矣。子懼不免。詩曰。民之多辟。無自立辟。姑已。若何。盈曰。祁氏私有討。國何有焉。遂執之。祁勝鄔臧皆祁盈家臣通室易妻也盈祁午之子叔游司馬叔侯之子鄭書古書名醜亦惡也蕃多也言以直爲惡以正爲醜此等之徒實爲蕃多今世亂讒勝無道可以自立子若執二人以討其罪恐反不免于禍詩大雅板之篇多辟多邪也立辟立法也姑且巳止也言民多辟邪之行無自立法以違于衆姑且止而勿問私有討言自討家臣無與國事也上辟音僻下辟音闢祁勝賂荀躒。荀躒爲之言於晉侯。晉侯執祁盈。祁盈之臣曰。鈞將皆死。憖使吾君聞勝與臧之死也以爲快。乃殺之。夏。六月。晉殺祁盈及楊食我。食我。祁盈之黨也。而助亂。故殺之。遂滅祁氏羊舌氏。爲言晉侯以其專戮也鈞均同憖發語辭吾君

謂祁盈言殺勝與臧盈亦死不殺盈亦死固將皆死
不如先殺勝臧使吾君聞之以快其心也楊叔向邑
食我叔向子伯石也(爲)
去聲(懟)銀去(食)音嗣
初叔向欲娶於申公巫臣氏。其母欲娶其黨。叔向曰。吾母多而庶鮮。吾懲舅氏矣。
巫臣氏夏姬女也黨親黨謂舅氏也母父妾也庶庶
弟也言父雖多妾媵而庶子鮮少乃母不能容吾故
以舅黨爲懲遂
不娶(鮮)上聲
其母曰。子靈之妻殺三夫。一君。一子。
而亡一國兩卿矣。可無懲乎。吾聞之。甚美必有甚惡。
是鄭穆少妃姚子之子。子貉之妹也。子貉早死無後。
而天鍾美於是。將必以是大有敗也。昔有仍氏生女。
黰黑而甚美。光可以鑑。名曰玄妻。樂正后夔取之。生
伯封。實有豕心。貪惏無饜。忿纇無期。謂之封豕。有窮

后羿滅之。夔是以不祀。且三代之亡。共子之廢。皆是物也。女何以爲哉。夫有尤物。足以移人。苟非德義。則必有禍。子靈即巫臣巫臣妻即夏姬三夫陳御叔楚襄老及巫臣也君謂靈公子謂徵舒國謂陳兩卿謂孔寧儀行父子貉即鄭靈公歿在宣四年鍾聚也二是俱指夏姬有仍古諸侯美髮爲黰鑑鏡也以髮黰黑故名玄夔舜典樂之官長惏嗜食也纇戾也封大也羿有窮君名言夏以妹喜亡殷以妲己亡周以褒姒亡共子即申生以驪姬廢物事也言皆因美女之事尤異也尤異之物必有德義可以勝之貉音陌黰直上上惏力躭反纇雷去叔向懼。不敢取。平公強使取之。生伯石。伯石始生。子容之母走謁諸姑。曰。長叔姒生男。姑視之。及堂。聞其聲而還。曰。是豺狼之聲也。狼子野心。非是莫喪羊舌氏矣。遂弗視。子容母叔向嫂伯石華妻也姑叔向母長叔謂叔向兄弟之妻相謂曰姒狼子野心言豺狼之子性在山野不可馴伏也〔取〕去聲〔強〕上聲〔長〕上聲〔喪〕去聲○愚按向之欲取巫臣氏也自向而言則毋之命猶君之命自向之毋而言則君之命重於巳之命此向所以終取之也雖然使向而誠不欲娶也者而以毋氏之訓爲君誦之則平公亦不強使之也矣○附錄

秋晉韓宣子卒魏獻子爲政分祁氏之田以爲七縣分羊舌氏之田以爲三縣司馬彌牟爲鄔大夫賈辛爲祁大夫司馬烏爲平陵大夫魏戊爲梗陽大夫知徐吾爲塗水大夫韓固爲馬首大夫孟丙爲盂大夫樂霄爲銅鞮大夫趙朝爲平陽大夫僚安爲楊氏大夫謂賈辛司馬烏爲有力於王室故舉之謂知徐吾趙朝韓固魏戊餘子之不失職能守業者也其四人者

皆受縣而後見於魏子。以賢舉也。獻子魏舒也鄔今山西介休縣有鄔城祁今祁縣平陵今文水縣塗水今榆次縣馬首今壽陽縣盂今盂縣與梗陽皆祁氏田平陽今臨汾縣楊氏今直隸寧晉縣與銅鞮皆羊舌氏田戊魏舒庶子徐吾知盈孫固韓起孫朝趙勝曾孫二十二年賈辛司馬烏師師納敬王故云有力於王室餘子卿之庶子守業守祖父之業四人司馬彌牟孟丙樂霄僚安也受縣而後見言舉以賢不以私也（知）音智魏子謂成鱄。吾與戊也縣。人其以我爲黨乎。對曰。何也。戊之爲人也。遠不忘君。近不偪同。居利思義。在約思純。有守心而無淫行。雖與之縣。不亦可乎。昔武王克商。光有天下。其兄弟之國者十有五人。姬姓之國者四十人。皆舉親也。夫舉無他。唯善所在。親疏一也。詩曰。惟此文王。帝度其心。

莫其德音。其德克明。克明克類。克長克君。王此大國。克順克比。比于文王。其德靡悔。既受帝祉。施于孫子。心能制義曰度。德正應和曰莫。照臨四方曰明。勤施無私曰類。教誨不倦曰長。賞慶刑威曰君。慈和偏服曰順。擇善而從之曰比。經緯天地曰文。九德不愆。作事無悔。故襲天祿。子孫賴之。主之舉也。近文德矣。所及其遠哉。鱄晉大夫黨私也遠踈遠同同位思義不苟得也約窮困也思純不諂屈也淫過也言遠近貧富皆守其分而無過行也光大之往也詩大雅皇矣篇帝上帝也克能也言文王能王大國受天福施及子孫也度合宜也莫清靜也明無不達也類無失所也主謂魏子成鱄引此詩謂魏子舉魏戊等是勤施無私也舉此四人是擇善而從也此二事同于文王故云近文德所及遠言將施及于子孫也

度音鐸寘音陌長上聲○淩約言氏曰魏子之舉戊
試不以黨至儗之文武克商之業豈其偏哉而舒也
僾然受之不以爲僭蓋不待城
周南面之蒞而知其志之荒矣賈辛將適其縣見於
魏子。魏子曰：辛來。昔叔向適鄭，鬷蔑惡，欲觀叔向，從
使之收器者而往，立於堂下。一言而善。叔向將飲酒，
聞之，曰：必鬷明也。下，執其手以上，曰：昔賈大夫惡，娶
妻而美，三年不言不笑。御以如臯，射雉，獲之，其妻始
笑而言。賈大夫曰：才之不可以已。我不能射，女遂不
言不笑夫。今子少不颺，子若無言，吾幾失子矣。言之
不可以已也如是。遂如故知。今女有力於王室，吾是
以舉女。行乎，敬之哉，毋墮乃力。鬷蔑即鄭然明惡醜
貌從隨也使使人器

宴器一言而善舊說設由上徹由下是也叔向素聞鬷明之賢故聞其一言而識之賈大夫賈國大夫惡亦醜也如往也皋澤也爲妻御車以往皋澤也少不颺言貌醜不揚顯也故知舊相識也墮損也力即功也鬷音宗使去聲射音石女音汝颺音揚

仲尼聞魏子之舉也以爲義。曰。近不失親。遠不失舉。可謂義矣。又聞其命賈辛也以爲忠。詩曰。永言配命。自求多福。忠也。魏子之舉也義。其命也忠。其長有後於晉國乎。不失親謂舉魏戊不失舉謂以賢舉義宜也先賞王室之功故爲忠詩大雅文王篇永長也言能長配天命致多福者惟忠則然也○愚按是時三家之勢已成分縣舉善未必非陰樹黨以爲篡晉計烏得爲義爲忠而夫子稱之意者魏斯將爲諸侯左氏先設言以爲張本爾

○附錄

冬。梗陽人有獄。魏戊不能斷。以獄上。其大宗賂以女樂。魏子將受之。魏戊謂閻沒女寬

曰主以不賂聞於諸侯若受梗陽人賄莫甚焉吾子必諫以獄上以獄上其父獻子決之大宗訟者之大宗閻役女寬獻子屬大夫女音汝皆許諾退朝待於庭饋入召之比置三歎既食使坐魏子曰吾聞諸伯叔諺曰唯食忘憂吾子置食之間三歎何也同辭而對曰或賜二小人酒不夕食饋之始至恐其不足是以歎中置自咎曰豈將軍食之而有不足是以再歎及饋之畢願以小人之腹爲君子之心屬厭而已魏子朝君退沒寬待于庭魏子召二子共食置食三次歎息食畢使二子坐而問之伯叔前輩也置置列于前也魏子中軍帥故稱將軍屬適厭足也言他人非賜我以酒以不夕食而饑適饋食初至恐不足飽是以一歎至食及半因自悔咎以爲豈有將軍食我而不飽之理是以再歎及饋食

既畢則願以小人充足之腹以爲君子之心適於足則止不可過於貪也是以三歎軍〔食〕音似〔屬〕音燭〔厭〕平聲獻子辭梗陽人。杜預氏云傳言魏氏所以興

〔經〕戊子二十有九年。鄭獻公元年春。公至自乾侯居于鄆。不稱至自晉以不得見晉侯故也○齊侯使高張來唁公。張高偃子以公至晉不得見而使來唁公○公如晉次于乾侯。齊復不見受故往乾侯○夏四月。庚子。叔詣卒。無傳○秋七月。○冬十月。鄆潰。無傳穀梁傳云潰之爲言上下不相得也

〔傳〕二十九年春。公至自乾侯。處于鄆。齊侯使高張來唁公。稱主君。子家子曰。齊卑君矣。君祇辱焉。公如乾侯。大夫稱主齊比公于大夫故稱主君適晉冀其見恤○附錄三月己卯。京師殺

召伯盈。尹氏固。及原伯魯之子。三子皆子朝黨稱伯魯子驗閔子馬之言尹固之復也。有婦人遇之周郊。尤之曰。處則勸人爲禍。行則數日而反。是夫也。其過三歲乎。二十六年尹固與子朝俱奔楚中道而還尤罪也處在周也行出奔也夏五月庚寅。王子趙車入于鄻以叛。陰不佞敗之。趙車子朝之餘見王殺伯盈等故叛鄻周邑〔鄻〕音輦○平子每歲賈馬。具從者之衣屨。而歸之于乾侯。公執歸馬者賣之。乃不歸馬。賈買也賣之賣其馬也〔賈〕音古〔從〕去聲下同○汪克寬氏曰竊意意如剛忍兇悖必無歸馬之事脫有之亦鄭莊射中王肩使祭足勞王且問左右之類爾加刃於人而以手撫之此小人之欲掩其惡者也衛侯來獻其乘馬。曰啓服。塹而死。公將爲之櫝。子家子曰。從者病矣。請以食之。乃以帷褏之。啓服馬名塹墮塹也爲櫝作棺也〔從〕去聲〔食〕音似○愚按禮敝帷不弃爲埋馬也昭公欲櫝啓服誠過矣子家子乃請食之向居當是時從者病矣此之不恤而櫝焉馬哉此即夫子傷人不問馬意也雖然路馬死埋以帷禮也子家子之食從者權也公賜公衍羔裘使獻龍輔於齊侯遂入羔裘齊侯喜與之陽穀。公衍公子服也龍輔禱旱玉陽穀齊地公衍公爲之生也其母偕出公衍先生公爲之母曰相與偕出請相與偕告三日公爲生其母先以告公爲爲兄公私喜於陽穀而思於魯曰務人爲此禍也且後生而爲兄其誣也久矣乃黜之而以公衍爲大子。公爲亦昭公子偕出皆居産室也內則云妻將生子及月辰居側室側室産室也偕告留公衍母使待已生子共告也喜陽穀以得陽穀爲喜也思於魯追思失魯之故務人即公爲始與公若謀

季氏○附錄

秋龍見於絳郊魏獻子問於蔡墨曰吾聞之蟲莫知於龍以其不生得也謂之知信乎對曰人實不知非龍實知古者畜龍故國有豢龍氏有御龍氏絳晉都蔡墨晉大夫豢御皆養也知音智豢音患獻子曰是二氏者吾亦聞之而不知其故是何謂也對曰昔有飂叔安有裔子曰董父實甚好龍能求其耆欲以飲食之龍多歸之乃擾畜龍以服事帝舜帝賜之姓曰董氏曰豢龍封諸鬷川鬷夷氏其後也故帝舜氏世有畜龍及有夏孔甲擾于有帝帝賜之乘龍河漢各二各有雌雄孔甲不能食而未獲豢龍氏有陶唐氏既衰其後有劉

累學擾龍于豢龍氏以事孔甲能飲食之夏后嘉之賜氏曰御龍以更豕韋之後龍一雌死潛醢以食夏后夏后饗之既而使求之懼而遷於魯縣范氏其後也飂古國叔安君名玄孫之後爲裔擾順也順龍所欲而畜養之豢龍官名官有世功則以官氏飂水上夷皆董姓董父之後孔甲少康之後其德能順于天故賜之乘龍四龍爲一乘河漢之龍各二合而爲四劉累堯之後夏后孔甲也更代也豕韋國名彭姓潛藏也藏以爲醢明龍不智也求之求致龍也不能致龍故懼而遷于魯縣自貶退也魯縣今爲山東范縣范氏謂晉范氏飂音溜好去聲食音似鬷音宗更音庚

獻子曰今何故無之對曰夫物物有其官官修其方朝夕思之一日失職則死及之失官不食官宿其業其物乃至若泯弃之物乃坻伏鬱湮不育故有五

行之官是謂五官實列受氏姓封爲上公祀爲貴神社稷五祀是尊是奉木正曰句芒火正曰祝融金正曰蓐收水正曰玄冥土正曰后土龍水物也水官弃矣故龍不生得不然周易有之在乾䷀之姤䷫曰潛龍勿用其同人䷌曰見龍在田其大有䷍曰飛龍在天其夬䷪曰亢龍有悔其坤䷁曰見群龍無首吉坤之剥䷖曰龍戰于野若不朝夕見誰能物之物謂如龍之類方法也居官者失其方法則有㚇罪而不食祿宿猶安也言官能安其職業其物乃至如水官修龍至也泜滅坻止鬱滯湮塞也言若滅弃其職業其物乃止息而潛伏沉滯壅塞不復生育以此不可生而得也列受氏姓言以行列而受賜氏賜姓之寵生則封以上公之爵㚇則

享以貴神之祀其神或爲社爲稷爲金木水火土五祀而王者尊奉之正官長也句芒取木生句曲而有芒角也祝融取其明也蓐收取秋物推蓐而可收也玄冥取水之陰而幽冥也土爲群物之生故爲后在家則祀中霤在野則爲社龍是水生於水故爲水官之物弃廢也以官廢龍不至也不然言若龍不至周易何言有龍也乾初九爻變爲姤卦曰潛龍勿用言陽氣在下如龍之潛德未可用也乾九二爻變爲同人曰見龍在田言陽氣出地上如龍之見而在田也乾九五爻變爲大有曰飛龍在天言陽德聖人位乎大位如龍飛而在天也乾上九爻變爲夬卦曰亢龍有悔言陽剛之德至于亢極故有悔也乾六爻變爲純坤九爻辭曰見群龍無首吉言剛德不可爲天下先故觀見諸陽之爻無爲首則吉也坤上六變爲剝卦曰龍戰于野言陽氣之極疑于無陽故陰陽變戰也物謂六卦所稱龍名不同也揔釋上文言設使龍不朝夕出見則誰能知其動靜而得以物名之以此知龍可生而得也(坻)音止(句)音勾(見)音現○陸粲氏曰畜龍之說怪甚世言左氏近誣謂此類非耶或云古今不相及安知無是事雖然此漢儒所據以明劉

氏爲堯後者也或非盡本書語矣獻子曰。社稷五祀。誰氏之五官也。對曰。少皞氏有四叔。曰重。曰該。曰修。曰熙。實能金木及水。使重爲句芒。該爲蓐收。修及熙爲玄冥。世不失職。遂濟窮桑。此其三祀也。顓頊氏有子曰犂。爲祝融。共工氏有子曰句龍。爲后土。此其二祀也。后土爲社。稷田正也。有烈山氏之子曰柱。爲稷。自夏以上祀之。周弃亦爲稷。自商以來祀之。少皞即金天氏四叔其子孫也能謂能治其官窮桑在魯北少皞所都濟成也重治水爲句芒該治金爲蓐收修與熙治水爲玄冥其各能其官得其職濟成少皞之功故死皆爲民所祀祀爲三祀顓頊高陽氏其子犂爲火正號祝融共工在大皞後神農前其子句龍能治水土爲后土死而見祀祀爲二祀此謂五祀也方答社稷故云后土即爲社是社已在五祀中矣

田正掌播殖者爲稷列山氏神農世諸侯弃周之始祖能播百谷湯既勝夏廢柱而以弃代之杜預氏云傳言蔡墨之博物○頊許玉反共音恭　附錄

冬晉趙鞅荀寅帥師城汝濱。遂賦晉國一鼓鐵以鑄刑鼎著范宣子所爲刑書焉。

鞅趙武之孫寅中行荀吴之子汝濱晉所取陸渾地築城守之用橐扇鞴謂之鼓令晉國各鼓石爲鐵計令一鼓而足一說三十斤爲鈞四鈞曰石石四曰鼓蓋四百八十斤也因軍役而爲之故言遂

仲尼曰晉其亡乎失其度矣夫晉國將守唐叔之所受法度以經緯其民卿大夫以序守之民是以能尊其貴貴是以能守其業貴賤不愆所謂度也文公是以作執秩之官爲被廬之法以爲盟主今弃是度也而爲刑鼎民在鼎矣何以尊貴貴何業之守貴賤無序何

以爲國且夫宣子之刑。夷之蒐也。晉國之亂制也。若之何以爲法。唐叔晉始封君經緯如布帛之有經緯也序位次也惟經緯之故民尊其上惟序守之故卿大夫不失業貴賤相安舉無愆失所謂有國之法度也執秩主爵之官文公蒐被廬修唐叔之法在僖二十七年法在鼎故民不尊上法不在人故卿大夫無守業貴賤乖爭無復次序何所恃以爲國也夷蒐在文六年是時一蒐而三易中軍之帥以致賈季箕鄭之徒怨恨而作亂故云亂制

蔡史墨曰。范氏中行氏其亾乎。中行寅爲下卿而干上令。擅作刑器。以爲國法。是法姦也。又加范氏焉。易之亾也。其及趙氏。趙孟與焉。然不得已若德可以免。蔡史墨卽蔡墨法姦以姦邪爲法也加著易移也言宣子刑書中既廢矣而今復著之是移易之而使亾也與與知也言趙鞅與知鑄刑鼎之事然非其本意故修德可以免其亾杜預氏云爲定十三年荀寅士吉射入朝

以叛傳

[illegible]音頑

春秋左傳註評測義卷之五十九終

春秋左傳註評測義卷之六十

明吳興後學凌稚隆輯著

昭公十五

【經】己丑三十年春王正月公在乾侯。君失其君在乾侯而不得歸故因朝正之時而書公所在○夏六月庚辰晉侯去疾卒○秋八月葬晉頃公○冬十有二月吳滅徐徐子章禹奔楚。

【傳】三十年春王正月公在乾侯不先書鄆與乾侯非公且徵過也。徵明也先此二十七年八年九年歲首俱不書公所在以公尚在四封之內至是鄆潰客寄乾侯故書所在非公內不能繫臣民以安其身外不能事齊晉以復其國明公之有過也。愚按昭公于鄆則每書居于乾侯則每書在夫居猶吾土也在則非吾土矣此春秋存君父罪臣子譏諸侯之意也而左氏於每書必變易其詭以釋之恐失之鑿○夏六月晉頃公卒秋八月葬鄭游吉弔且送葬魏獻子使士景伯詰之曰悼公之喪子西弔子蟜送葬今吾子無貳何故詰責問也晉悼公喪在襄十五年弔葬共使故云無貳蟜音矯對曰諸侯所以歸晉君禮也禮也者小事大大字小之謂事大在共其時命字小在恤其所無以敝邑居大國之閒共其職貢與其備御不虞之患豈忘共命先王之制諸侯之喪士弔大夫送葬唯嘉好聘享三軍之事於是乎使卿晉之喪事敝邑之閒先君有所助執紼矣若其不閒雖士大夫有所不獲數矣大國之惠亦慶其加而不討其

乏明底其情取備而已以爲禮也字愛也共其時命隨時共共所求也職貢常貢也不虞意外之變也豈惡共命言不敢惡共命以所備禦者多不及辦之爾此言鄭小事大共其命嘉好謂嘉禮聘享謂賓禮三軍之事謂軍禮閒閒暇也紼輓索也禮送葬必執紼言先君亦嘗會葬而執紼也不獲數不得如先王士弔大夫送葬之禮數大國謂晉惠恤小也慶善底致也言君自會葬而於禮有加則慶善之士大夫不及數而於禮有乏則不討之葢明知鄭國致其情實故但取其備禮而已此言晉大字小恤所無共音恭禦音御好去聲之閒如字底音旨靈王之喪我先君簡公在楚我先大夫印段實往敝邑之少卿也王吏不討恤所無也今大夫曰女盍從舊舊有豐有省不知所從從其豐則寡君幼弱是以不共從其省則吉在此矣唯大夫圖之周靈王喪在襄二十九年少卿年少之卿也盍何不也舊舊制

也[女]音汝晉人不能詰。杜預氏云傳言大叔之敏○吳子使徐人執掩餘。使鍾吾人執燭庸。二公子奔楚。楚子大封而定其徙。使監馬尹大心逆吳公子。使居養。莠尹然左司馬沈尹戌城之。取於城父與胡田以與之。將以害吳也。二十七年掩餘奔徐燭庸奔鍾吾至是吳子命二國人執之二公子奔楚楚王多封與土地而定其所徙之居又使逆之于竟監馬官養所封邑城城養也胡田故胡子之田[監]平聲子西諫曰。吳光新得國而親其民。視民如子。辛苦同之。將用之也。若好吾邊疆。使柔服焉。猶懼其至。吾又疆其讎以重怒之。無乃不可乎。吳周之胄裔也。而棄在海濱。不與姬通。今而始大。比于諸華。光又甚文。將自同于先王。

不知天將以爲虐乎。使剪喪吳國而封大異姓乎。其抑將卒以祚吳乎。其終不遠矣。我盍姑億吾鬼神。而寧吾族姓以待其歸。將焉用自播揚焉。王弗聽。如與之結好也柔服使吳柔而自服也彊其讐謂大封二公子姑且億安也播揚猶勞動也言昔吳之大伯仲雍周大王之子比于諸華之國今闔盧亦將自同于先周盛時不知天意或者欲使之爲暴虐乎使闔盧用兵以自剪喪其國而以其上地封大異姓諸侯乎不然則是將終以福吳乎然觀之行事可以卜其究竟矣我何不且安我鬼神寧我族姓以待其善惡之所歸將安用大封二子自勞動我國家也吳子怒。

冬。十二月。吳子執鍾吾子。遂伐徐。防山以水之。己卯。滅徐。徐子章禹斷其髮。攜其夫人。以逆吳子。吳子唁而送之。使其邇臣從之。遂奔楚。楚沈尹戌帥師救徐。

弗及遂城夷使徐子處之防山以水謂防壅山水以灌徐也斷髮自刑示欲爲臣妾也邇近也夷卽城父斷音段○季本氏曰左氏稱章禹斷其髮携其夫人以逆吳子則是降也既降胡爲而又奔哉蓋奔者不爲吳人所得而避難竄走之名也舉重而言則但當書降今書奔楚則必未降吳也其書名特以屈服于楚故爾何必附爲降吳之說哉

○附錄吳子問於伍員曰初而言伐楚余知其可也而恐其使余往也又惡人之有余之功也今余將自有之矣伐楚何如員言伐楚在二十年而汝也人謂王僚自有之自有其功也惡去聲對曰楚執政衆而乖莫適任患若爲三師以肄焉一師至彼必皆出彼出則歸彼歸則出楚必道敝亟肄以罷之多方以誤之既罷而後以三軍繼之必大克之肄習也數往數來如肄習也道敝罷敝于道也

亟數也。肄音異。闔廬從之。楚於是乎始病。杜預氏云：爲定公四年吳入郢傳。

經 庚寅。三十有一年。晉定公元年。春王正月。公在乾侯。○季孫意如會晉荀躒于適歷。適歷，晉地。躒音歷。○夏四月丁巳。薛伯穀卒。○晉侯使荀躒唁公于乾侯。○秋。葬薛獻公。無傳。○冬。黑肱以濫來奔。黑肱，邾大夫。濫，今山東滕縣有濫城。杜預氏云：不言邾，史闕文也。○十有二月辛亥朔。日有食之。

傳 三十一年春王正月。公在乾侯。言不能外內也。內不容于臣子，外不容于齊晉，所以久在乾侯。○晉侯將以師納公。范獻子曰。若召季孫而不來。則信不臣矣。然後伐之。若何。晉人召季孫。獻子使私焉。曰。子必來。我受其無咎。私，私告也。獻子受其貨故欲爲季氏保其無害季孫意如會晉荀躒于適歷。荀躒曰。寡君使躒謂吾子何故出君。有君不事。周有常刑。子其圖之。季孫練冠麻衣。跣行。伏而對曰。事君。臣之所不得也。敢逃刑命。君若以臣爲有罪。請囚于費。以待君之察也。亦唯君。若以先臣之故。不絕季氏。而賜之死。若弗殺弗亡。君之惠也。死且不朽。若得從君而歸。則固臣之願也。敢有異心。季孫冠服如喪示憂戚也事君謂事魯君季孫言臣願事君而君不肯還故臣不得事君豈敢避刑戮之命下文即不避刑命事君謂晉君君若以臣三句言其亡若以先臣二句言其殺故下文云君弗殺弗亡君之惠也從君謂魯君皆飾辭以見忠順也跣素典反○夏四月。季孫從知伯如乾侯。子家子曰。君與之歸一慙之不忍而終身慙乎公曰諾衆曰在一言矣君必逐之知伯荀躒也一慙一時慙恥也終身慙終身不得入也君謂晉君言晉既憂魯君如一言使晉晉君必逐去季孫也〔知音智〕荀躒以晉侯之命唁公且曰寡君使躒以君命討於意如意如不敢逃死君其入也公曰君惠顧先君之好施及亾人將使歸糞除宗祧以事君則不能見夫人已所能見夫人者有如河亾人昭公自稱糞掃也夫人季孫也已昭公自稱如河指河水自誓言意欲晉逐之也荀躒掩耳而走曰寡君其罪之恐敢與知魯國之難臣請復於寡君退而謂季孫君怒未怠子姑歸祭掩耳而走怪公之言示不忍聽也躒言晉君惟恐獲不納君之罪爾今納而不入何敢復與魯國之難蓋拒之也歸祭攝君主祭也〔與音預〕

預難去聲○愚按以臣逐君意如之罪章章也苟有人心曠不憤之刻晉盟主乎迺定公惑於士鞅之巧言而荀躒亦墮其計而不悟非惟不克納公反好與之會又導之叛焉與同者晉之六卿分晉國而有之則晉侯亦昭公而已無足誅者子家子曰君以一乘入于魯師季孫必與君歸公欲從之衆從者脅公不得歸一乘謂奔其從者獨乘一車也杜預氏云傳言君弱不復得自在從去聲○薛伯穀卒同盟故書書書名也入春秋來薛始書名故傳發明之經書薛伯穀卒在荀躒唁公之上而傳在下者欲魯事相須故也

○附錄秋吳人侵楚伐夷侵潛六楚沈尹戌帥師救潛吳師還楚師遷潛於南岡而還吳師圍弦左司馬戌右司馬稽帥師救弦及豫章吳師還始用子胥之謀也夷潛六楚三邑戌即沈尹戌子胥謀在前年○冬邾黑肱以濫來奔賤

而書名重地故也。黑肱非命卿故云賤以地爲重故特書其名君子曰名之不可不愼也如是夫。有所有名而不如其已。以地叛雖賤必書地以名其人。終爲不義弗可滅已。是故君子動則思禮行則思義。不爲利回。不爲義疚。或求名而不得。或欲蓋而名章。懲不義也。是指黑肱有所謂有地已止也言雖有名不若止而無名如下所云是也滅泯滅也言書地以著名其人所以終其爲不義者示後世不可泯滅也回邪也見利不苟不回其心疚病也見義則爲無疚于心求名不得謂不書其名欲蓋名章謂書其名齊豹爲衛司寇守嗣大夫。作而不義其書爲爲去聲盜。邾庶其莒牟夷。邾黑肱以土地出。求食而已。不求其名。賤而必書。此二物者。所以懲肆而去貪也。若艱難其身。以險危大人。而有名章徹。攻難之士。將奔走之。若竊邑叛君。以徼大利。而無名。貪冒之民。將寘力焉。是以春秋書齊豹曰盜。三叛人名。以懲不義。數惡無禮。其善志也。齊豹衛卿也殺衛侯之兄孟縶在二十年將求勇名而春秋以盜書之此求名而不得也庶其以漆閭丘出在襄二十一年牟夷以牟婁防茲出在五年黑肱以濫出三人不過求食其地非有心于求名也而春秋雖賤必書其名此欲蓋而名章也物事也齊豹書盜三叛書名去貪也艱其難其身謂豹奪去官邑也險危謂養公孟之惡而致其顛覆也如此而春秋書之使其名章徹于天下則好爲難事者將趨赴取之以求名矣竊邑叛君謂三叛人徼大利謂求食如此而春秋不書其名則樂于貪冒者將盡力爲之以掩惡矣數列也惡逆無禮者皆列之而不遺記事之善者也難去聲徼邀音僥故曰春秋之稱。微而顯。婉而辨。上之人能使昭明。

善人勸焉。淫人懼焉。是以君子貴之。言春秋權衡之法文雖微而義則著辭雖婉而旨則別在位者能使此義昭明則可以爲世勸懲故爲貴貴匯去聲

○十二月。辛亥朔。日有食之。是夜也。趙簡子夢童子羸而轉以歌。旦占諸史墨。曰。吾夢如是。今而日食。何也。對曰。六年及此月也。吳其入郢乎。終亦弗克。入郢必以庚辰。日月在辰尾。庚午之日。日始有謫。火勝金。故弗克。羸羸

臝也轉婉轉也簡子之夢適與日食會疑咎在巳故問之史墨知夢非日食之應故不釋夢而釋日食之咎在楚六年自此以往六年此月十二月也辰尾龍尾謫變氣也周十二月今十月日月合朔于辰尾而食庚午周十月十九日閏四十一日至辛亥朔日雖食于辛亥而變始于庚午以始變爲占而日在辰故知入郢之日必以庚辰辰午南方楚位以午日有變故災在楚辰東方吳在楚東故入郢必吳午火庚金金

爲火妣午火勝庚金楚氣猶旺故吳終不克亥水也水數六故六年○陸粲氏曰夢非日食之兆也食非吳入郢之象也鞅也姦問墨也姦對

【經】辛卯三十有二年春王正月。公在乾侯。○取闞。無傳闞魯地公在乾侯非有兵力可以得邑所以取闞者魯以闞與而公取之也書取闞著其微弱也公牟以爲邾邑者非○夏吳伐越。○秋七月。○冬仲孫何忌會晉韓不信齊高張宋仲幾衛世叔申鄭國參曹人莒人薛人杞人小邾人城成周。不書京師見王室之衰同于列國黍離降爲國風之意○李廉氏曰諸侯不勤王事久矣當王室危弱之時列國乃能從王命以安王室善之大者也書城成周善之也○十有二月已未。公薨于乾侯。

【傳】三十二年春王正月。公在乾侯言不能外內。又不

能用其人也。其人謂子家覊言公不能用子家故于今猶在乾侯 ○夏。吳伐越

始用師於越也。史墨曰。不及四十年。越其有吳乎。越

得歲而吳伐之。必受其凶。自此之前雖疆場小爭未嘗用大兵故云始用史墨晉大夫歲星十二歲一周爲一紀存亾之數不過三紀故曰不及四十年此年歲星在星紀星紀吳越之分歲星所在其國有福吳先用兵以伐越故吳當反受其咎其後哀公二十二年越伐吳去此凡三十八年

○秋八月。王使富辛與石張。如晉。請城成周。富辛石張皆周大夫子朝之黨多在王城敬王畏之徙都成周以其城狹小請改城之天子曰。天降

禍于周。俾我兄弟並有亂心。以爲伯父憂。我一二親

昵甥舅不皇啓處。於今十年。勤戍五年。余一人無日

忘之。閔閔焉如農夫之望歲。懼以待時。伯父若肆大

惠復二文之業弛周室之憂徼文武之福以固盟主宣昭令名則余一人有大願矣昔成王合諸侯城成周以爲東都崇文德焉今我欲徼福假靈于成王修成周之城俾戍人無勤諸侯用寧蝥賊遠屏晉之力也其委諸伯父使伯父實重圖之俾我一人無徵怨于百姓而伯父有榮施先王庸之

天子曰以下二大大致敬王之命俾使也兄弟謂子朝伯父謂晉侯親昵謂同姓甥舅謂異姓十年謂二十二年二師圍郊至于今五年謂二十八年晉籍秦致諸侯之戍至于今閔閔憂貌言念諸侯憂勞已久常閔閔冀望安定如農夫之憂飢冀望來歲之熟恐懼以待時也肆展也二文謂文侯仇文公重耳弛猶解也盟主周王自謂國申周其業崇尊尚也言成王作成周遷殷民以爲京師之東都所以尊尚文王之德也蝥賊謂災害徵召也榮施榮顯

之施庸功也言我周先王之靈亦以女爲有功也靈音令范獻子謂魏獻子曰與其戍周不如城之天子實云雖有後事晉勿與知可也從王命以紓諸侯晉國無憂是之不務而又焉從事魏獻子曰善天子實云謂嚴戍而築城也紓諸侯謂寬其戍周之力晉國無憂謂勿與知後事與音預○愚按士鞅所謂戍不如城計利也後事勿與知詐忠也從王命以紓諸侯要功也要不過藉爲名高以令諸侯爾豈實心爲王室者使伯音對曰天子有命敢不奉承以奔告于諸侯遲速衰序於是焉在伯音韓不信也衰序差次也在謂在周所命衰初危反冬十一月晉魏舒韓不信如京師合諸侯之大夫于狄泉尋盟且令城成周魏子南面衛彪傒曰魏子必有大咎干位以令大事非其任也

詩曰敬天之怒不敢戲豫敬天之渝不敢馳驅況敢干位以作大事乎尋盟尋十三年平丘之盟南面居君位也虒偍衛大夫詩大雅板之篇渝變也言王者當敬畏天之譴怒不可遊戲逸豫馳驅自恣也虒披蚪反偍音奚○趙汸氏曰魏舒以國卿干盟主之位尋諸侯平丘之盟於王都禮樂征伐自大夫出其弊至此

己丑士彌牟營成周計丈數揣高卑度厚薄仞溝洫物土方議遠邇量事期計徒庸慮材用書餱糧以令役於諸侯屬役賦丈書以授帥而效諸劉子韓簡子臨之以為成命丈數謂當城之丈數度高曰揣度深曰仞物相也相土方取土之方面也事期事畢之限期也庸人功也上既號令工役之事以告諸侯又屬各國所當役人數須各國所當城丈數為成書以授於諸侯之大夫而致其定法于周卿士效致也韓簡子即韓不信臨蒞也成成命執之以為定命杜預氏云傳見經所

以不書魏舒[度]音鐸○十二月公疾徧賜大夫大夫不受賜子
家子雙琥一環一璧輕服受之大夫皆受其賜已未
公薨子家子反賜於府人曰吾不敢逆君命也大夫
皆反其賜時公亾外八年終歿於亾琥刻玉爲之輕服細好之服[琥]音虎書曰公薨
于乾侯言失其所也不薨于路寢故云失所○李廉氏曰昭公在位二十四年居鄆
五年客乾侯三年乃魯國衰惰不振之君也當其初年居喪無慼容而父子之親喪娶妻以同姓而夫婦
之倫乖季氏之禍雖積習于成襄之世然取鄆而不能正納牟夷而不能卻大雩大雨雹天戒屢見而不
知警舍中軍蒐于紅軍政盡失而不能收卒之得罪于霸主則五如晉而不得入十三國同盟而不得與
昭公果何以保其國哉當是時有六卿與三家蓋聲勢相倚迭爲輔車宜昭公之不入也趙簡子
問於史墨曰季氏出其君而民服焉諸侯與之君歿

於外而莫之或罪也莫罪莫有歸罪於季氏者對曰物生有兩有三有五有陪貳故天有三辰地有五行體有左右各有妃耦王有公諸侯有卿皆有貳也陪副也三辰日月星也謂有三五行金木水火土也謂有五左右如手足耳目之類各有配耦也謂有兩公卿以下皆有貳謂有陪貳杜註以妃耦爲陪貳則下文公卿無所屬非也妃音配天生季氏以貳魯侯爲日久矣民之服焉不亦宜乎魯君世從其失季氏世修其勤民忘君矣雖死於外其誰矜之社稷無常奉君臣無常位自古以然故詩曰高岸爲谷深谷爲陵三后之姓於今爲庶王所知也在易卦雷乘乾曰大壯䷡天之道也從放縱也失從失也無常奉無常位也言惟有德者主之詩小雅十月之

爻篇言高下皆有變易三后謂虞夏商姓子孫也庶庶人也主謂趙簡子大壯乾下震上乾爲君父震爲臣子震在乾上故云雷乘乾乘從去聲

昔成季友桓之季也文姜之愛子也始震而卜卜人謁之曰生有嘉聞其名曰友爲公室輔及生如卜人之言有文在其手曰友遂以名之既而有大功於魯受費以爲上卿至於文子武子世增其業不廢舊績魯文公薨而東門遂殺適立庶魯君於是乎失國政在季氏於此君也四公矣民不知君何以得國是以爲君慎器與名不可以假人

季子少子也震動也懷姙始動知有娠也謁告也有大功謂立僖公受費在僖元年文子行父也武子宿也東門遂殺適立庶在文十八年失國失國權也此君指昭公四公宣成襄昭也器車服也名爵號也假借也聞音問

適音嫡。○愚按晉之六卿猶魯之意如也士鞅爲此問獨無意乎墨也探其邪志而諂之若謂昭公宜逐意如逐之不爲過者噫此豈士鞅所得聞毋乃速其僭稱之勢也邪獨愼嚚與名之說惜無耳之昭公居位日者

春秋左傳註評測義卷之六十終

春秋左傳註評測義卷之六十一

明吳興後學凌稚隆輯著

定公一

名宋襄公子昭公弟母不知誰所出在位十五年謚法安民大慮曰定

經 壬辰周敬王十一年元年。陳惠公二十一年杞悼公九年宋景公八年晉定公三年齊景公三十九年秦襄公二十八年楚昭王七年衛靈公二十六年蔡昭侯十三年鄭獻公五年吳闔廬六年春王三月。晉人執宋仲幾于京師。此經書大夫專執之始穀梁傳云此其大夫曰人何也不正其執人于尊者之側也。愚按公穀欲發定無正之義乃分春王為一節三月晉人執宋仲幾為一節而胡傳因之致使經義反晦竊疑昭公雖沒定公尚未即位此時未見為定公始年者春秋豈容先借不書正月以預責其罪蓋是年正月無事至三月適有晉人執宋仲幾事遂書之初無異義也或曰然則何以稱元年葢是時昭公已薨年無所繫則是年實嗣君之年不可不追書元年春也或曰然則隱元年事在三月莊元年亦事在三月何以皆書正月葢隱莊卽位皆在正月而定卽位在六月故也愚故合而書之○夏六月癸亥公之喪至自乾侯○戊辰公卽位卽位皆于朔日則不書日定公待昭公喪至旣殯而卽位故書日○秋七月癸巳葬我君昭公○九月大雩無傳○立煬宮煬公伯禽之子穀梁傳云立者不宜立者也○冬十月隕霜殺菽無傳周十月今八月也

傳元年春王正月辛巳晉魏舒合諸侯之大夫于狄泉將以城成周魏子涖政衛彪傒曰將建天子而易位以令非義也大事奸義必有大咎晉不失諸侯魏子其不免乎魏子卽舒涖臨也代天子大夫臨政也建立也言爲城以立天子之居而以晉

大夫代周大夫爲政是易位以令諸侯非義也奸犯也是行也魏獻子屬役於韓簡子及原壽過而田於大陸焚焉還卒於甯范獻子去其柏椁以其未復命而田也屬役以役事托之也原壽過周大夫廣平田陸禹貢大陸在鉅陸北今河南汲縣有吳澤舒自往用獵于此焚火田也甯近吳澤在今脩武縣喪大記君松椁大夫栢椁士雜木椁范獻子代魏舒爲政以其未復命而田獵故去其栢椁以示貶也屬音燭

孟懿子會城成周庚寅栽宋仲幾不受功曰滕薛郳吾役也薛宰曰宋爲無道絕我小國於周以我適楚故我常從宋晉文公爲踐土之盟曰凡我同盟各復舊職若從踐土若從宋亦唯命仲幾曰踐土固然薛宰曰薛之皇祖奚仲居薛以爲夏車正奚仲遷于

邳仲虺居薛。以爲湯左相。若復舊職。將承王官。何故以役諸侯。仲幾曰。三代各異物。薛焉得有舊。爲宋役。亦其職也。栽設築板也郳即小邾舊號吾役言欲使二國代已受役也宰薛大夫絶我于周言不得自通于天子也踐土盟在僖二十八年從踐土謂復舊職以役于天子從宋謂共舊職以役于諸侯命晉命也踐土固然言踐土之盟固云各復舊職則薛宜從舊爲宋之役也皇大也車正掌車服大夫仲虺奚仲之後宰言當如奚仲仲虺事天子爲王官豈爲役于諸侯三代謂夏商周幾言居周世不得以殷商之舊爲據虺音卉相去聲士彌牟曰。晉之從政者新。子姑受功。歸吾視諸故府。仲幾曰。縱子忘之。山川鬼神其忘諸乎。士伯怒。謂韓簡子曰。薛徵于人。宋徵于鬼。宋罪大矣。且已無辭。而抑我以神。誣我也。啓寵納侮。其此之謂矣。必以仲幾爲戮。乃執仲幾以歸。三月。歸諸京師。彌牟言獻子新爲政未習故事當歸考之山川鬼神盟時所告故仲幾謂其不忘徵質證也彌牟言薛以三代故事爲言是取徵于人也宋以山川鬼神爲言是取徵于鬼也抑沮誣罔也尚書說命無啓寵納侮啓開也言開寵過分則自納受其侵侮也○王樵氏曰周衰天子之在者惟號與祭僅存城成周諸侯之大夫猶相帥以從王事得變之正者也晉人執宋仲幾于京師猶以王事討有罪亦變之正者也其歸諸王吏與自治不可知然以大義而論則視諸他之擅命者不同矣城三旬而畢。乃歸諸侯之戍。齊高張後。不從諸侯。晉女叔寬曰。周萇弘齊高張皆將不免。萇叔違天。高子違人。天之所壞。不可支也。衆之所爲不可奸也。昭二十七年晉藉秦致諸侯之戍于周至是歸之後後至也叔寬女寬也天旣厭周萇弘欲遷都以延其祚故云違天諸侯相率以崇天子而高子後至故云違人支持奸犯也杜預氏云爲哀三年周人殺萇弘六年高張來奔起下女音汝○愚按弘萇盡力于王室矣其卒不免于濁世所離之不幸爾必如寬說是使人臣坐觀其國之傾而莫爲之所也而可乎且既曰違天是謂周不可城也而又曰違人是謂期不可後也是非惡乎定哉君子曰天人一道也不違人乃所以不違天矣

○夏。叔孫成子逆公之喪于乾侯。季孫曰。子家子亟言于我。未嘗不中吾志也。吾欲與之從政。子必止之。且聽命焉。成子叔孫婼之子亟數也言子家子數于公處言我之事如言意如事君不敢不改又言君以一乘入于魯師季孫必與君歸之類中合也與之從政欲用爲大夫也公喪歸則從者散故令止之且聽命一聽子家所爲也（亟）去聲（中）去聲子家子不見叔孫。易幾而哭。叔孫請見子家子。子家子辭曰。羈未得見。而從君以出。君不命而薨。羈不敢見。幾哭會也不欲見叔孫故哭不同會未得見出將成子未爲卿也君不命未受昭公使見之命也蓋以義拒之叔孫使告之曰。公衍、公爲實使羣臣不得事君。若公子宋主社稷，則羣臣之願也。凡從君出而可以入者，將唯子是聽。子家氏未有後，季孫願與子從政。此皆季孫之願也。使不敢以告。公衍公爲昭公二子始謀逐季氏故云使不得事君公子宋昭公弟定公也未有後蓋叔孫欲與從政故以未有後欲之不敢叔孫成子名對曰。若立君，則有卿士、大夫與守龜在，羈弗敢知。若從君者，則貌而出者，入可也；寇而出者，行可也。若羈也，則君知其出也，而未知其入也。羈將逃也。守龜謂卜大夫貌出謂以義從君與季氏無實怨者寇出謂與季氏爲寇讐者君謂昭公喪及壞隤，公子宋先入，從公者皆自壞隤反出奔也。壞音懷。隤徒回反。○愚按公衍公爲從在乾侯。季氏所忌。子家所謂寇而出者也。故不敢入。公子宋雖從在外。而于季氏無忌。子家所謂貌而出者也。故得先入。六月。癸亥。公之喪至自乾侯。戊辰。公卽位。○季孫使役如闞公氏將溝焉。榮駕鵞曰。生不能事。死又離之。以自旌也。縱子忍之。後必或恥之。乃止。闞魯先公墓所。公氏猶言公之墓宅。季孫惡昭公。欲溝絕其兆域。別于先君。駕鵞魯大夫榮成伯也。旌章也。忍忍爲溝也。後謂季氏子孫。恥恥其所爲不善也。闞口暫反。季孫問於榮駕鵞曰。吾欲爲君謚。使子孫知之。對曰。生弗能事。死又惡之。以自信也。將焉用之。乃止。爲謚爲惡謚也。信明也。言自明其不臣之迹。爲去聲。惡如字。秋。七月。癸巳。葬昭公於墓道南。孔子之爲司寇也。溝而合諸墓。季孫雖不爲溝猶別葬于先君墓道之外至孔子爲司寇時方於昭公墓外而溝之與先君墓合所以明臣無貶君之義孔子爲司寇在定公十年後○昭公出故季平子禱于煬公。九月立煬宮。季氏既逐君而懼乃請禱于煬公廟至是昭公薨于外自以爲獲福故立其宮○季本氏曰煬公以弟繼考猶定公以弟繼昭公也葢既欲報己之私而又欲掩己之失故立煬宮○附録周鞏簡公弃其子弟而好用遠人簡公周卿士遠人異族也杜預氏云爲鞏氏賊簡公張本【鞏】九勇反【好】去聲

【經】癸巳二年春王正月。○夏五月壬辰。雉門及兩觀災。無傳雉門公宮南門觀即闕也闕在門兩旁中央闕然爲道故謂之闕其上懸法象其狀巍然高大故謂之象魏使人觀之故又謂之觀是觀與象魏闕一制而三名也天火曰災雉門兩觀其僭已久災及而書譏其僭也【觀】音貫○秋楚人伐吳。囊瓦稱人以其見誘而敗故貶之○冬十

月新作雉門及兩觀。無傳作者改舊制而增大之也特書新作罪魯之僭也

(傳)二年。附錄夏。四月。辛酉。鞏氏之羣子弟賊簡公。杜預氏云傳言弃親用跡所以敗○桐叛楚。吳子使舒鳩氏誘楚人曰。以師臨我。我伐桐。爲我使之無忌。桐吳小國今南直隷安慶府有桐城舒鳩皆楚屬國介吳楚間此時必與楚有隙故吳使誘楚以師臨吳吳伐桐僞若畏楚師之臨已而爲代其叛國以取媚者然實欲襲楚使楚信而無疑忌所謂多方以誤之也(爲)去聲秋。楚囊瓦伐吳師於豫章。吳人見舟于豫章。而潛師于巢。冬。十月。吳軍楚師於豫章。敗之。遂圍巢。克之。獲楚公子繁。楚伐吳從舒鳩之言也吳人僞將爲楚伐桐見舟豫章而實潛師于巢邑欲以擊楚楚不忌吳故敗繁楚守巢大夫

○附錄邾莊公與夷射姑飲酒。私出。閽乞肉焉。奪之杖

以敲之。夷射姑邾大夫與公飲而出以避酒守門者從之乞肉射姑既不與復奪其杖以擊其頭

杜預氏云爲明年邾子卒傳【射】音亦

【經】甲午三年春王正月。公如晉至河。乃復。無傳○二月辛卯。邾子穿卒。○夏四月。○秋葬邾莊公。○冬。仲孫何忌及邾子盟于拔。拔地闕

【傳】三年春二月辛卯。邾子在門臺臨廷。閽以缾水沃廷。邾子望見之怒。閽曰。夷射姑旋焉。命執之。弗得滋怒。自投于牀。廢于鑪炭。爛。遂卒。先葬以車五乘。殉五人。莊公卞急而好潔。故及是。門臺門上之臺也閽以杖敲之恨故以缾水灌廷令邾子見閽之旋小便也射姑時不在廷故執之弗得廢墮也邾子遺命未葬以車殉先入欲藏中潔

也卞躁疾也言其性躁急而好潔淨故致此禍〇附録秋九月鮮虞人敗晉師于平中獲晉觀虎恃其勇也平中晉地觀虎恃勇輕敵故獲杜預氏云爲五年士鞅圍鮮虞張本〇冬盟于郯修邾好也郯即拔也定公新即位故與邾修好

郯音談〇附録蔡昭侯爲兩佩與兩裘以如楚獻一佩一裘於昭王昭王服之以享蔡侯蔡侯亦服其一子常欲之弗與三年止之唐成公如楚有兩肅爽馬子常欲之弗與亦三年止之佩佩玉也止留也唐國今湖廣棗陽縣舊有上唐鄉成公唐惠侯後肅爽駿馬名唐人或相與謀請代先從者許之飲先從者酒醉之竊馬而獻之子常子常歸唐侯自拘於司敗曰君以弄馬之故隱君身弃國家羣臣請相夫

人以償馬。必如之。唐侯曰。寡人之過也。二三子無辱。

皆賞之。先從先從役之人拘囚也卽竊馬者司敗唐官弄猶愛也隱憂約也相助也夫人謂圉馬者言相聊養馬者以償君必有駿馬如所竊者[從]去聲[相]去聲蔡人聞之。固請而獻

佩于子常。子常朝。見蔡侯之徒。命有司曰。蔡君之久

也。官不共也。明日禮不畢。將死。蔡侯歸。及漢。執玉而

沈曰。余所有濟漢而南者。有若大川。蔡侯如晉。以其

子元與其大夫之子爲質焉。而請伐楚。佩裘皆獻不言裘蒙上文

也官謂有司共備也言蔡侯所以久留于楚有司不能共遺蔡侯之禮故也將死將坐有司以死罪漢水名沉玉于河以質信也誓言若復渡漢朝楚當受禍明如大川蓋必欲報楚也杜預氏云爲明年會召陵張本[共]音恭○凌約言氏曰二君以弱小處強暴之下卽兢兢焉守之以朴猶懼不免誅求也而乃侈其

玩好以誇示貪夫三年之止豈非自取哉傳云匹夫無罪懷璧其罪信夫

[經]乙未四年春王二月癸巳陳侯吳卒。無傳○三月公會劉子晉侯宋公蔡侯衛侯陳子鄭伯許男曹伯莒子邾子頓子胡子滕子薛伯杞伯小邾子齊國夏于召陵侵楚。召陵楚地荀寅求貨不得無功而還故書侵○家鉉翁氏曰齊桓以八國伐楚而書伐大齊桓攘夷狄之功也晉定以十八國之師伐楚而書侵鄙晉定之無能爲也○夏四月庚辰蔡公孫姓帥師滅沈以沈子嘉歸殺之。沈雖不會召陵非有大惡而蔡藉晉威以滅之殺之故書滅書殺以著蔡罪[姓]音生○五月公及諸侯盟于皋鼬。此諸侯即前會之諸侯不書劉子不與盟也皋鼬鄭地[鼬]由又反　杞伯成卒于會。無傳○六月葬陳惠公。無傳○許遷于容城。無傳容城地闕

許至是凡四遷畏鄭逼也○秋七月。公至自會。無傳○劉卷卒。無傳劉卷卽蚤卷會諸侯于召陵故來赴往弔往葬而春秋書之[卷]音權○葬杞悼公。無傳○楚人圍蔡。囊瓦稱人罪之也○晉士鞅衛孔圉帥師伐鮮虞。無傳士鞅卽范鞅孔圉孔羈孫謀楚而不能討盟蔡而不能救惟中山是伐書帥師著其威不行于強暴而行于寡弱也○葬劉文公。無傳文公卽卷○冬十有一月庚午。蔡侯以吳子及楚人戰于柏舉。楚師敗績。柏舉楚地在今河南西平縣本柏子國地能左右之曰以吳以夷狄憂中國與師伐楚故進之而始稱子于楚書人貶之也楚囊瓦出奔鄭。出奔稱名惡之也○李廉氏曰此條與城濮戰稱人敗書師殺其大夫書名同一書法葢子玉子常之罪同而楚之輕于用人以致敗師亾衆前後一轍矣庚辰。吳入郢。前日吳子此曰吳傳謂君處于君之室大夫處于大夫之室故狄之入國不曰楚而曰郢陳氏謂非得國之辭不言

臧楚實未臧也

【傳】四年春三月劉文公合諸侯于召陵謀伐楚也文公卽劉卷晉人假王命以討楚之久留蔡侯晉荀寅求貨于蔡侯弗得言于范獻子曰國家方危諸侯方貳將以襲敵不亦難乎水潦方降疾瘧方起中山不服弃盟取怨無損于楚而失中山不如辭蔡侯吾自方城以來楚未可以得志祗取勤焉乃辭蔡侯敵謂楚中山鮮虞也晉楚同盟今伐之爲弃盟取怨晉敗楚侵方城在襄十六年楚未可得志言未可快意伐楚也○愚按晉自平丘以來不能會諸侯者二十四年乃今上請國老下合十七國君名義既正聲勢遂張庶幾可以復霸矣而荀寅者竟以一賄失之夫蔡所以弃楚如晉既以囊瓦求貨故而寅之貪卒無異于瓦如水益深如火益熱此晉霸所以遂衰而吳因

以橫行上國也晉人假羽旄於鄭鄭人與之明日或旆以會晉於是乎失諸侯析五色鳥羽爲旌乃王者游車之所建鄭私有之晉借觀焉或賤者也繼旐曰旆明日晉人令賤人施其旆執以從會示卑鄭也杜預氏云傳言晉無禮所以遂弱將會衛子行敬子言於靈公曰會同難嘖有煩言莫之治也其使祝佗從公曰善乃使子魚子魚辭曰臣展四體以率舊職猶懼不給而煩刑書若又共二徼大罪也且夫祝社稷之常隸也社稷不動祝不出竟官之制也君以軍行祓社釁鼓祝奉以從於是乎出竟若嘉好之事君行師從卿行旅從臣無事焉公曰行也子行敬子衛大夫難難于得宜也嘖爭讙貌煩多也祝佗大祝子魚也以其有才辨故使之從舊職謂爲

祝也煩刑書言恐得罪也共二謂爲大祝又從行也徼求也隸賤臣也社稷動謂國遷師出先事祓禱于社謂祓社以血塗鼓謂釁鼓奉社主也嘉好之事謂朝會二千五百人爲師五百人爲旅無事無與從行也時晉已辭蔡不伐楚故佗云及皐鼬將長蔡於衛。衛侯使祝佗私於萇弘曰。聞諸道路。不知信否。若聞蔡將先衛。信乎。萇弘曰。信。蔡叔。康叔之兄也。先衛。不亦可乎。長蔡欲令蔡先歃也私私語若似也蔡叔蔡始封君周公之兄康叔衛始封君周公之弟明以長幼爲次故先衛子魚曰。以先王觀之。則尚德也。昔武王克商。成王定之。選建明德。以藩屏周。故周公相王室。以尹天下。於周爲睦。分魯公以大路大旂。夏后氏之璜。封父之繁弱。殷民六族。條氏。徐氏。蕭氏。索氏。長勺氏。尾勺氏。使帥其宗氏輯其分族將其類醜以法則周公用即命于周是使之職事于魯以昭周公之明德分之土田陪敦祝宗卜史備物典策官司彝器因商奄之民命以伯禽而封於少皞之虛言尚德者明不以齒爲尚也尹正也睦親厚也魯公周公之子伯禽也大路金路以賜同姓者交龍爲旂半璧曰璜封父古諸侯繁弱大弓名六族商之大族宗氏同宗之親輯合也分族所分之族屬將率醜衆即就也言六族難服故使就周受周公之法制以共魯公之職事陪陪增敦厚也一曰陪重也敦槃類敦血器也祝宗卜史四官名備物備禮之物典策即魯史官司百官有司也彝器常用之器商奄國名曲阜本少皞虛（相）去聲分康叔以大路少帛縉茷旃旌大呂殷民七族陶氏施氏繁氏錡氏樊氏饑氏終葵氏封畛土略自武父以南及圃田之北

竟取於有閻之土以共王職取於相土之東都以會王之東蒐聃季授土陶叔授民命以康誥而封於殷虛皆啓以商政疆以周索

少帛雜色帛也周尚赤故雜色爲少績大赤也茷即旆也通帛爲旃析羽爲旌皆大赤也大呂鍾名畛塗所經也略界也言分封土地之經界也武父衛之北界圃田鄭藪澤名有閻古諸侯地衛所受朝宿邑也取其入以供朝覲之費猶魯之許田也相土商之祖東都衛所受湯沐邑也取其入以供天子東巡狩助祭泰山猶鄭之祊邑也聃季周公弟爲周司空授康叔土陶叔爲周司徒授康叔民康誥周書成王封康叔于衛周公恐其幼弱作康誥以命之殷虛朝歌地皆合魯衛也啓開索法也少皞殷虛皆殷故地因其風俗開用其政疆理土地則以周法績七見反茷音吠錡魚綺反共音恭

分唐叔以大路密須之鼓闕鞏姑洗懷姓九宗職官五正命以唐誥而封於夏虛啓以夏政疆

以戎索。唐叔武王子晉之始祖密須國名闕鞏甲名官職主官事者五正五官之長即司徒司馬司空司士司寇是也唐誥封唐叔之誥令以夏虚大原也大原近戎而寒不與中國同故疆理土地用戎之法三者皆叔也。而有令德。故昭之以分物。不然。文武成康之伯猶多。而不獲是分也。唯不尚年也。周公康叔皆武王之弟唐叔成王之弟故云皆叔昭明也言賜之分物以昭明其德也伯謂居長者不尚年言惟以德爲輕重也管蔡啓商惎間王室。王於是乎殺管叔而蔡蔡叔。以車七乘。徒七十人。其子蔡仲改行帥德。周公舉之以爲己卿士。見諸王而命之以蔡。其命書云。王曰。胡無若爾考之違王命也。若之何其使蔡先衛也。惎毒也周公攝政管叔蔡叔開導紂子祿父毒亂王室蔡放也

與蔡叔車徒而放之七乘言其少也卿士爲周公臣也命以蔡命爲蔡侯也胡蔡仲名甚音忌【乘】去聲

武王之母弟八人。周公爲大宰。康叔爲司寇。聃季爲司空。五叔無官。豈尚年哉。曹文之昭也。晉武之穆也。曹爲伯甸。非尚年也。今將尚之。是反先王也。五叔管叔鮮蔡叔度成叔武霍叔處毛叔聃也曹異母不在八人數晉唐叔武王子昭大于穆而曹以伯爵居甸服反小于唐是歷觀先制皆不以年貴豈應獨反之

晉文公爲踐土之盟。衛成公不在。夷叔其母弟也。猶先蔡。其載書云。王若曰晉重魯申衛武蔡甲午鄭捷齊潘宋王臣莒期。藏在周府。可覆視也。吾子欲復文武之畧。而不正其德。將如之何。踐土盟在僖二十八年夷叔叔武也晉重文公魯申僖公衛武叔武蔡甲午莊公鄭捷文公齊潘昭

公未王臣成公莒期茲不一公畧規畫也德尚德也萇弘說告劉子與范獻子謀之乃長衛侯於盟說音悅長上聲○愚按周制用人以德固然矣然長幼之序亦必有盡義其間者豈渹不論蓋弘奪于佗之善詞弗及深考耳反自召陵鄭子大叔未至而卒晉趙簡子爲之臨甚哀曰黃父之會夫子語我九言曰無始亂無怙富無恃寵無違同無敖禮無驕能無復怒無謀非德無犯非義臨哭臨也黃父盟在昭二十五年夫子謂大叔始亂禍首也怙恃也同衆欲也復重也杜預氏云傳言簡子能用善言所以復興大音泰臨力鴆反敖五報反○沈人不會于召陵晉人使蔡伐之夏蔡滅沈秋楚爲沈故圍蔡爲去聲○伍員爲吳行人以謀楚楚之殺郤宛也伯氏之族出伯州犂之孫嚭爲吳

大宰以謀楚。楚自昭王即位。無歲不有吳師。蔡侯因之。以其子乾與其大夫之子為質于吳。楚殺郤宛在昭二十七年時伯州犂以黨郤氏故出奔吳其孫嚭為大宰與伍員皆志必報仇共謀破楚故楚若兵因之因員嚭之怨楚也唐侯以兵屬于吳楚故經不書唐侯【大】音泰【質】音至冬。蔡侯。吳子。唐侯伐楚。舍舟于淮汭。自豫章與楚夾漢。舟乘舟也淮汭淮水之曲時豫章乃今湖廣德安府章山也吳乘舟泛淮過蔡乃舍舟于淮水之曲而自豫章與楚師夾漢水為軍左司馬戌謂子常曰。子沿漢而與之上下。我悉方城外以毀其舟。還塞大隧直轅冥阨。子濟漢而伐之。我自後擊之。必大敗之。既謀而行。武城黑謂子常曰。吳用木也。我用革也。不可久也。不如速戰。史皇謂子常。楚人惡子而好司馬。若司馬毀吳舟于淮，塞城口而入，是獨克吳也。子必速戰，不然不免。乃濟漢而陳，自小別至于大別。三戰，子常知不可，欲奔。史皇曰：安求其事，難而逃之，將何所入？子必死之，初罪必盡說。沿緣也。戍欲令子常緣漢水與吳上下遮使勿渡，而我悉起方城外人毀吳淮汭之舟，且還兵塞漢東三隘道，使吳不得退，因與子常夾擊。大隧在今河南羅山縣西南，一名九重關。直轅在今信陽縣南，一名武勝關。冥阨在今信陽縣東南，一名平靖關。黑，武城大夫，言吳用木為兵椎鈍，我用革為兵堅利，革不可持久，故欲速戰。史皇又以忌功，故欲速戰以先之。小別在今湖廣漢川縣。大別在今漢陽府東北。史皇，楚大夫。司馬即戍。城口，三隘道總名。不可，不可支也。史皇又言國安則執其政柄，有難則逃，將入何國？不如盡力死戰，可以解說貪賄致寇之罪。〔惡〕〔好〕俱去聲。〔陳〕音陣。〔難〕去聲。十一月庚午，二師陳于柏舉。

二師吳楚之師闔廬之弟夫槩王晨請于闔廬曰楚瓦不仁
其臣莫有死志先伐之其卒必奔而後大師繼之必
克弗許夫槩王曰所謂臣義而行不待命者其此之
謂也今日我死楚可入也以其屬五千先擊子常之
卒子常之卒奔楚師亂吳師大敗之子常奔鄭史皇
以其乘廣死夫槩後自立為王故稱王楚瓦即囊瓦臣見義則行不待君命古有此言故云
以乘廣死以戰死也吳從楚師及清發將擊之夫槩王曰困獸
猶鬬況人乎若知不免而致死必敗我若使先濟者
知免後者慕之蔑有鬬心矣半濟而後可擊也從之
又敗之楚人為食吳人及之奔食而從之敗諸雍澨

五戰及郢。清發水名知免知免于死也慕之慕先濟者得免也楚人奔不得食吳人食楚人之食而追之雍澨在今湖廣岳州府東南五戰謂濟漢而陳自小別至于大別三戰也柏舉清發二戰也○愚按子常誠用戍謀則楚可以逞矣乃史皇以妬功故反令疾戰以敗也幾于一言喪邦者至知其不可又令死以說罪死則死爾罪容可說乎且丁國事乎奚益也己卯。楚子取其妹季芊畀我以出。涉雎。鍼尹固與王同舟。王使執燧象以奔吳師。吳乘勝而至故不暇爲守備倉皇以出季芊畀我或云二人或云畀我季芊字未詳雎水名在郢之西燧象以火燧繫象之尾奔赴吳師使王得脫芊音米庚辰。吳入郢。以班處宮。子山處令尹之宮。夫槩王欲攻之。懼而去之。夫槩王入之。以班以尊卑班次處楚王君臣之宮室子山吳王子入令尹之宮夫槩王自以子山之叔父怒其軋已故奪其宮杜預氏云言吳無禮所以不能遂克左司馬戌及息而還敗吳師于雍澨傷初司馬臣闔廬故恥爲禽焉謂其臣曰誰能免吾首吳句卑曰臣賤可乎司馬曰我實失子可哉三戰皆傷曰吾不可用也已句卑布裳剄而裹之藏其身而以其首免息汝南新息也戌聞楚敗故還傷被創也臣闔廬謂在吳爲闔廬之臣免吾首言若戰歿誰能藏吾首免爲吳人所獲句卑戌臣失子不知子賢也句卑乃陳其下裳剄其首裹之于裳脫而免之杜預氏云傳言司馬之忠壯句古侯反剄古頂反楚子涉睢濟江入于雲中王寢盜攻之以戈擊王王孫由于以背受之中肩王奔鄖鍾建負季芊以從由于徐蘇而從鄖公辛之弟懷將弒王曰平王殺吾父我殺其子不亦可乎辛曰君討臣誰敢讎之君命天也

若敖天命將誰讎詩曰柔亦不茹剛亦不吐不侮矜寡不畏彊禦唯仁者能之違彊陵弱非勇也乘人之約非仁也滅宗廢祀非孝也動無令名非知也必犯是余將殺女雲中雲夢澤中鄖邑名由于鍾建皆楚大夫蘇蘇醒也辛鄖鬬辛蔓成然之子鄖邑大夫也昭十四年平王殺蔓成然懷欲弒王以報父仇其子謂昭王詩大雅蒸民篇言仲山甫不辟彊陵弱知去聲鬬辛與其弟巢以王奔隨吳人從之謂隨人曰周之子孫在漢川者楚實盡之天誘其衷致罰於楚而君又竄之周室何罪君若顧報周室施及寡人以獎天衷君之惠也漢陽之田君實有之隨國在楚之東奔隨避鬬懷也盡盡滅也竄匿獎成顧念也漢陽之田楚田在漢水之東者吳欲滅楚故以此田賂楚楚

子在公宮之北。吳人在其南。子期似王。逃王而已爲王。曰。以我與之。王必免。隨人卜與之。不吉。乃辭吳曰。以隨之辟小而密邇於楚。楚實存之。世有盟誓。至于今未改。若難而弃之。何以事君。執事之患不唯一人。若鳩楚竟。敢不聽命。吳人乃退。公宮隨侯之宮子期昭王兄公子結也似貌似昭王也逃逃匿也事君事吳君也一人謂楚昭王鳩安集也辟音僻難去聲

鑪金初宦於子期氏。實與隨人要言。王使見。辭曰。不敢以約爲利。王割子期之心以與隨人盟。鑪金先爲子期家臣實與隨人要言勿以楚王與吳并欲脫子期王喜其意欲引見之使盟隨人約即要言也金言不敢乘君父困約之時因以要言爲利於是昭王割子期心前血以與隨人盟示其本心也

初伍員與申包胥友。

其亾也謂申包胥曰我必復楚國申包胥曰勉之子能復之我必能興之及昭王在隨申包胥如秦乞師曰吳爲封豕長蛇以荐食上國虐始於楚寡君失守社稷越在草莽使下臣告急曰夷國無厭若鄰於君疆場之患也逮吳之未定君其取分焉若楚之遂亾君之土也若以君靈撫之世以事君秦伯使辭焉曰寡人聞命矣子姑就館將圖而告對曰寡君越在草莽未獲所伏下臣何敢即安立依於庭墻而哭日夜不絕聲勺飲不入口七日秦哀公爲之賦無衣九頓首而坐秦師乃出申包胥楚大夫與子胥善而各行其志復與覆同杜注報也封大荐

數也上國中夏衆諸侯也越顚越也夷謂吳吳國吳若滅楚則與與秦爲鄰故患逮及也言及吳吳未安楚地秦出師與與吳共分之設若楚國遂至滅亡則土地皆秦之有矣若猶假君威靈而存恤之則楚之子孫世世事君以報秦德圖圖謀也伏隱處也無衣秦國風篇取其與子同仇與子偕作與子偕行無衣三章每賦一章三頓首以謝故云九頓首杜預氏云爲明年申包胥以秦師至張本〔分〕去聲

春秋左傳註評測義六十一卷終

春秋左傳註評測義卷之六十二

明吳興後學凌稚隆輯著

定公二

【經】丙申五年。陳懷公柳僖公元年春王三月。辛亥朔。日有食之。無傳○夏。歸粟于蔡。前年蔡以吳師入郢已解楚圍而蔡尚饑乏故歸之粟○於越入吳。於發聲也越俗有此發聲故史官從俗書之○六月。丙申。季孫意如卒。大夫有罪不書卒意如何以書卒以定公怨逐君之讐故明其爲定之大夫所以疾定公也○秋七月。壬子。叔孫不敢卒。無傳婼之子成子也○冬。晉士鞅帥師圍鮮虞。

【傳】五年。附錄春。王人殺子朝于楚。時吳人入郢故王人乘其亂而殺子朝杜

預氏云絳閔馬父之言○夏歸粟于蔡。以周亟矜無資。亟急也○

越入吳。吳在楚也。昭三十二年吳伐越以治楚黨至是吳入楚而越亦乘虛伐吳○高閔氏曰闔廬爭入郢之利而於越入吳夫差取盟晉之功而於越又入吳意有所逐而憂有所忽矣○

六月。季平子行東野。還未至。丙申。卒于房。陽虎將以璵璠斂。仲梁懷弗與。曰。改步改玉。陽虎欲逐之。告公山不狃。不狃曰。彼爲君也。子何怨焉。東野季氏邑行巡行也璵璠君所佩美玉懷季氏家臣步行也玉藻云公侯佩山玄玉大夫佩水蒼玉改步改玉謂君臣行步遲速有度故佩玉亦異昔昭公之出季氏攝行君事爲君行佩君玉及定公立復臣位故步玉皆改不狃亦季氏家臣費宰子洩也彼謂懷君謂意如言懷爲季氏不欲使僭也(行)去聲下同(璵)音餘(璠)音煩(爲)去聲　旣

葬。桓子行東野。及費。子洩爲費宰。逆勞于郊。桓子敬

之勞仲梁懷仲梁懷弗敬子洩怒謂陽虎子行之乎

桓子意如子季孫斯也懷時從桓子行輕慢子洩行之謂逐懷也杜預氏云爲下陽虎囚桓子起（勞去聲）

○附錄 申包胥以秦師至秦子蒲子虎帥車五百乘以救楚子蒲曰吾未知吳道使楚人先與吳人戰而自稷會之大敗夫槩王于沂吳人獲薳射于柏舉其子帥奔徒以從子西敗吳師于軍祥秋七月子期子蒲滅唐九月夫槩王歸自立也以與王戰而敗奔楚爲堂谿氏吳師敗楚師于雍澨秦師又敗吳師吳師居麇子期將焚之子西曰父兄親暴骨焉不能收又焚之不可子期曰國亾矣死者若有知也可以歆舊祀

豈憚焚之。焚之而又戰。吳師敗。又戰于公壻之谿。吳師大敗。道謂行兵之法薳射楚大夫子謂薳射之子奔徒楚國奔散之徒稷沂軍祥皆楚地楚以唐從吳伐國故滅之王謂闔廬堂谿楚邑今河南郾城縣有堂谿故城夫槩戰敗奔楚蓋事後此終言之麇楚地前年楚人與吳戰多死麇中故云父兄親暴骨焚吳復楚則祭祀不廢故云可以歆舊祀公壻亦楚地〔射〕音石〔暴〕蓬入聲吳子乃歸。因闉輿罷。闉輿罷請先。遂逃歸。輿罷楚大夫先為吳因復以其請先至吳而失之傳言吳所以不克〔闉〕音因〔罷〕音皮葉公諸梁之弟后臧從其母於吳。不待而歸。葉公終不正視。諸梁沈尹戌之子葉公子高也其弟后臧與母俱獲于吳竟弃母而歸故諸梁不義之終不以正面視弟〔葉〕音涉

○附錄

乙亥。陽虎囚季桓子及公父文伯。而逐仲梁懷。冬。十月。乙亥。殺公何藐。己丑。盟桓子于稷門之

內。庚寅。大詛。逐公父歜。及秦遄。皆奔齊。文伯季桓子從父昆弟也逐懷以不順己故藐季氏族稷門魯南城門大詛謂遣盟者重受罰歜即文伯秦遄平子姑壻杜預氏云傳言季氏之亂〔歜〕（　）附音觸〔遄〕市專反録楚子入于郢。吳師已歸初。鬬辛聞吳人之爭宮也。曰。吾聞之。不讓則不和。不和不可以遠征。吳爭於楚。必有亂。有亂則必歸。焉能定楚。定謂得其國而安定之王之奔隨也。將涉于成臼。藍尹亹涉其帑。不與王舟。及寧。王欲殺之。子西曰。子常唯思舊怨以敗。君何效焉。王曰。善。使復其所。吾以志前惡。成臼水名在今湖廣漢川縣南亹楚大夫寧安定也志記惡過也王賞鬬辛。王孫由于。王孫圉。鍾建。鬬巢。申包胥。王孫賈。宋木。鬬懷。子西曰。請舍懷也。王曰：大德滅小怨，道也。（鬬辛以下九子皆從王有大功者，請舍懷以初謀弒王也。大德謂終從其兄免王大難。○陸粲氏曰：昭王之賞鬬懷也，其爲楚國未寧，而以是安反側者歟？然非理國之典也，不可以訓。）申包胥曰：吾爲君也，非爲身也。君既定矣，又何求？且吾尤子旗，其又爲諸？遂逃賞。（子旗即蔓成然，有功王室，恃功見殺，在昭十四年。包胥常尤其人，遂逃賞以自異。〔爲〕去聲。）王將嫁季芈，季芈辭曰：所以爲女子，遠丈夫也。鍾建負我矣。以妻鍾建。以爲樂尹。（遠丈夫，言別男女也。樂尹，司樂大夫。〔遠〕〔妻〕俱去聲。）王之在隨也，子西爲王輿服以保路，國于脾洩。聞王所在，而後從王。（脾洩，楚邑。子西未知王所在，恐國人潰散，故僞爲王之車服以安道路之人，又權立國于脾洩之地。）王使由于城麇，復命，子西問高厚焉，弗知。子西曰：不能，如辭城不知高厚小大何知對曰固辭不能子使余也人各有能有不能王遇盜於雲中余受其戈其所猶在袒而示之背曰此余所能也脾洩之事余亦弗能也城麇築城于麇今湖廣岳州府有東西二城如不如也言既自知不能不如辭之而勿行其所謂被傷處脾洩之事謂如子西保路之事杜預氏云傳言昭王所以復國有賢臣也〇晉士鞅圍鮮虞報觀虎之役也前此伐而不服故又圍之以三年鮮虞獲晉觀虎故也

【經】丁酉六年春王正月癸亥鄭游速帥師滅許以許男斯歸游速大叔子〇二月公侵鄭自是凡師書公則三桓既微之微也然本非公室能張實以陪臣專恣故每托公以出師不書伐而書侵以其迫于霸令非有獎王室之實也公至自侵鄭無傳〇夏季孫斯仲孫何忌如晉書斯何忌並使著陽虎專

權以自其禍之所起○秋。晉人執宋行人樂祁犂。執其非罪故稱行人○冬。城中城。無傳○季孫斯仲孫忌帥師圍鄆。無傳何忌不言何闕文也鄆貳於齊故圍之

【傳】六年春。鄭滅許。因楚敗也。許楚之與國○李廉氏曰此鄭叛霸之始也自隱十一年鄭入許而齊鄭之黨合天下遂無王自定六年鄭滅許而齊鄭之黨又合天下遂無晉○二月。公侵鄭。取匡。爲晉討鄭之伐胥靡也。匡鄭地今河南睢州有匡城胥靡周地周儋翩因鄭人以作亂鄭爲之伐胥靡故晉使魯討之爲去聲往不假道於衛。及還。陽虎使季孟自南門入。出自東門。舍於豚澤。衛侯怒。使彌子瑕追之。陽虎謀逐三桓故往還不假道以構禍于衛欲因釁圖之豚澤衛地彌子瑕衛嬖大夫追之使擊魯師公叔文子老矣。輦而如公。

曰尤人而效之非禮也昭公之難君將以文之舒鼎成之昭兆定之鞶鑑苟可以納之擇用一焉公子與二三臣之子諸侯苟憂之將以爲之質此羣臣之所聞也今將以小忿蒙舊德無乃不可乎大姒之子唯周公康叔爲相睦也而效小人以弃之不亦誣乎天將多陽虎之罪以斃之君姑待之若何乃止文子公叔發也老謂致仕公衛靈公尤責也文公之鼎名曰舒鼎成公之寶龜名曰昭兆定公有鞶鑑以鏡爲飾名曰鞶鑑憂恤也言諸侯苟有憂恤魯侯者公子與諸大夫之子將爲質以求納魯侯蒙覆也大姒文王妃周公魯之祖康叔衛之祖效小人言唯小人尤人之過不可效也不假道于衛皆陽虎所爲故云天將多其罪〔難〕去聲〔鞶〕步丹反〔質〕音致〔大〕音泰○愚按文子國之老臣知國故事察見陽虎之私以搆釁也故旣謝政

去猶輦而如公使其計不行而鄰好不失抑亦可謂賢矣夫子所以文之○夏。季桓子如晉。獻鄭俘也。陽虎強使孟懿子往報夫人之幣。晉人兼享之。獻鄭俘以此春取匡故聘禮諸侯使卿執圭以致君命執璧以致幣於夫人君與夫人一使兼致之陽虎欲困辱三桓又欲求媚于晉故既使桓子聘晉君又強使孟懿子報晉夫人晉宜設兩享因輕魯遂兼享之強上聲○高閌氏曰一卿將命可兼他事豈可每事一卿乎故並書之見二卿爲陽虎所制也嗚呼天子微諸侯僭諸侯微大夫陵大夫微陪臣脅理勢然耳孟孫立於房外。謂范獻子曰。陽虎若不能居魯而息肩於晉。所不以爲中軍司馬者。有如先君。獻子曰。寡君有官。將使其人。鞅何知焉。獻子謂簡子曰。魯人患陽虎矣。孟孫知其釁。以爲必適晉。故強爲之請。以取入焉。不能居不見容也中軍司馬晉大夫之最貴者先君乃誓辭孟孫以虎爲魯患忿趙氏陰厚之故設爲請托之辭稱先君以徵兵言似若欲使晉厚待之其實欲使晉人知陽虎專權爲魯所患也官謂中軍司馬使人使得其人也釁兆隙也獻于言會患陽虎虎必出奔孟孫知其兆隙以爲虎必適晉故強爲之請使晉知其情而納虎焉非其本心故云強（強）上聲（爲）去聲○附録

四月己丑。吳大子終纍敗楚舟師。獲潘子臣。小惟子及大夫七人。楚國大惕。懼亡。子期又以陵師敗于繁揚。令尹子西喜曰。乃今可爲矣。於是乎遷郢於鄀。而改紀其政。以定楚國。終纍闔廬子夫差兄也舟師水戰也潘子臣小惟子楚舟師之帥陵師陸軍也今可爲言知懼而後可治也改謂新之紀謂理之杜預氏云傳言楚賴子西以安（大）音泰（鄀）音若○附録

周儋翩率王子朝之徒。因鄭人。將作亂于周。鄭於是乎伐馮滑胥靡負

黍、狐人、闕外。六月，晉閻沒戍周，且城胥靡。周之六邑在魯伐鄭之前而于此見者爲戍周起也閻沒晉大夫戍與城皆以備之儋翩于朝餘黨鄭氏○秋八月，宋樂祁言於景公曰：諸侯惟我事晉，今使不往，晉其憾矣。樂祁告其宰陳寅，陳寅曰：必使子往。他日，公謂樂祁曰：唯寡人說子之言，子必往。陳寅曰：子立後而行，吾室亦不亾，唯君亦以我爲知難而行也。見溷而行。宋自文公初霸首服事焉至此諸侯多貳宋猶獨事之故祁言於君欲遣使行聘宰家臣也寅知晉政多門往必有難故請祁立後雖身死不亾其祀溷樂祁子祁見于君立以爲後也使去聲說音悅難去聲趙簡子逆而飲之酒於緜上，獻楊楯六十於簡子。陳寅曰：昔吾主范氏，今子主趙氏，又有納焉，以楊楯賈禍弗可爲也已然子叛晉國子孫必得志於宋范獻子言於晉侯曰以君命越疆而使未致使而私飲酒不敬二君不可不討也乃執樂祁楯于擔以楊木爲之納卯獻也賈買也子孫必得志以其父爲國叛也二君謂宋晉討治也獻子以祁比趙氏譖于君而執之[楯]音允[賈]音古○張洽氏曰諸侯惟宋事晉懼討而遣使善逆以懷之猶懼不來而大夫瀆貨賄事權利卒使來者見執叛者得志晉之亂政亟行霸統所由絕也○附録陽虎又盟公及三桓于周社盟國人于亳社詛于五父之衢魯有兩社朝廷在其中間杜預氏云傳言三桓微陪臣專政爲八年陽虎作亂起○附録冬十二月天王處于姑蕕辟儋翩之亂也姑蕕周地杜預氏云爲明年單劉逆王起[蕕]音由[辟]音避

[經]戊戌七年春王正月○夏四月○秋齊侯鄭伯盟于

鹹。鹹衛地此經書諸侯復特會之始。林堯叟氏曰于是諸侯無主盟矣是故石門志諸侯之合于鹹志春秋之散○齊人執衛行人北宮結以侵衛。齊侯書人而又書侵以重貶之執行人非使人罪也齊侯衛侯盟于沙。沙晉地今北直隸大名縣有沙亭○大雩。無傳過也○齊國夏帥師伐我西鄙。夏國佐孫齊叛晉與鄭盟故爲鄭伐我且報二卿之圍鄆○九月。大雩。無傳過也○冬十月。

傳七年。附錄春二月。周儋翩入于儀栗以叛。儀栗周邑○附錄齊人歸鄆陽關。陽虎居之以爲政。鄆陽關今山東曲阜縣有陽關魯邑中貳於齊今齊歸之○夏四月。單武公劉桓公敗尹氏于窮谷。尹氏復黨儋翩爲亂故敗之○秋。齊侯鄭伯盟于鹹。徵會于衛。衛侯欲叛晉。諸大夫不可。使北宮結如齊而私於齊侯旦執結以侵我。齊侯從之。乃盟于瑣。齊景公圖霸故爲鹹之盟徵召也衛侯欲叛晉屬齊恐違衆故陰使齊執結來侵以懼之瑣即沙杜預氏云爲明年涉佗挍衛侯手起○李廉氏曰此齊衛合黨之始自此後次五氏次垂葭次蘧蒢至哀元年而伐晉矣夫當晉楚衰弱之餘使齊景公果撫霸國之餘國尊事王室輯寧中夏則桓公之功獨不可復乎柰何今日之會明日之役無非包藏禍心以圖晉爲事乎

○齊國夏伐我。陽虎御季桓子。公斂處父御孟懿子。將宵軍齊師。齊師聞之。墮伏而待之。處父曰。虎不圖禍。而必死。苫夷曰。虎陷二子於難。不待有司。余必殺女。虎懼。乃還。不敗。齊叛晉故伐魯公斂處父孟氏成宰名墮伏墮毀其軍以誘敵而設伏兵也而汝也言齊人設伏待魯虎不圖度此禍而欲夜掩齊師汝必當與死苫夷季氏家臣二子謂季孟有司掌刑戮者杜預氏云陪臣強能自相制季孟不敢異（苫始占反難去聲）

○附錄冬十一月戊午單子劉子逆王于慶氏晉藉秦送王己巳王入于王城館于公族黨氏而後朝于莊宮。慶氏守姑蕕大夫天王前年出居于此故單劉迎王以歸黨氏周大夫莊宮莊王廟

春秋左傳註評測義六十二卷終

左氏傳測義

19

自六十三
至六十六

春秋左傳註評測義卷之六十三

明吳興後學凌稚隆輯著

定公三

【經】己亥八年春王正月。公侵齊。前年齊伐我故報之時陽虎用事軍政不立故書侵○公至自侵齊。無傳○二月公侵齊以前月未得志于齊故也○三月公至自侵齊。無傳○曹伯露卒。無傳○夏齊國夏帥師伐我西鄙。齊伐魯報魯二侵也○公會晉師于瓦瓦衛地今河南胙城縣東北有瓦亭晉將來救魯公故會之○公至自瓦。無傳○秋七月戊辰。陳侯柳卒。無傳○晉士鞅帥師侵鄭。遂侵衛。鄭衛二國爲齊而叛晉晉是以侵鄭侵衛所以絕齊之與國也晉不能聲其罪以取服故兩書侵○汪克寬氏曰齊之始伐盟

主則書伐衛遂伐晉晉之始伐與國則書侵鄭遂○侵衛齊書伐而晉書侵于此見晉霸之衰之甚也

葬曹靖公無傳○九月葬陳懷公無傳○季孫斯仲孫何忌帥師侵衛以其爲晉與師故書侵○冬衛侯鄭伯盟于曲濮無傳曲濮晉地去年公侵鄭今年二卿侵衛皆爲晉故而士鞅又自帥師侵之故二君同爲此盟以固其謀○從祀先公○愚按從祀之說三傳以爲正閔僖之位胡傳引馮氏說以爲始以昭公從祀以取媚於國人今春秋辯疑及事義又謂從祀卽今制五品以上陪祭之謂蓋陽虎雖陪臣而久以大夫自處得從祀于廟見有先世分器遂竊取之諸說紛紛惟高閌氏謂不舉所祀之名不指所祀之所以其事出于陽虎之矯舉故聖人實書之在盜竊寶玉大弓之上所以誅陽虎之亂也所謂定哀多微詞者意在言外也庶幾于經義不支離云

盜竊寶玉大弓寶玉夏后氏之璜大弓封父之繁弱天子所錫先君分器也謂之盜謂之竊聖人蓋難于明言而旣有以指斥之卑鄙之矣公羊傳云盜

者孰謂謂陽貨也○胡寧氏曰先王分器不能謹守而盜得竊諸公宮此無政之驗也故失地則諱失寶玉大弓則書重其事也

【傳】八年春王正月公侵齊門于陽州士皆坐列曰顏高之弓六鈞皆取而傳觀之陽州人出顏高奪人弱弓籍丘子鉏擊之與一人俱斃偃且射子鉏中頰殪顏息射人中眉退曰我無勇吾志其目也師退冉猛僞傷足而先其兄會乃呼曰猛也殿門攻其門士無鬬志故皆坐列顏高魯有力人三十斤爲一鈞六鈞百八十斤衆取其弓傳觀之會陽州人出戰高無弓奪他人弱弓子鉏齊人斃仆也偃倒地也吳越春秋云迎風則偃背風則仆也高被擊猶射子鉏中頰亦言其善射也顏息魯人謙言已無勇力志欲中目而誤中眉實自矜也冉猛亦魯人僞爲傷足而先歸其兄會見猛不在

列乃詐以後殿諸衆杜預氏云傳言魯無軍政射音石（中）去聲（殿）顛上○附錄二月己丑單子伐穀城劉子伐儀栗辛卯單子伐簡城劉子伐盂以定王室皆儋翩之黨故單劉討之杜預氏云傳終王室之亂○附錄趙鞅言于晉侯曰諸侯惟宋事晉好逆其使猶懼不至今又執之是絕諸侯也將歸樂祁士鞅曰三年止之無故而歸之宋必叛晉獻子私謂子梁曰寡君懼不得事宋君是以止子子姑使溷代子子梁以告陳寅陳寅曰宋將叛晉是棄溷也不如待之樂祁歸卒于大行士鞅曰宋必叛不如止其尸以求成焉乃止諸州執樂祁在六年獻子士鞅也子梁樂祁也懼不得事宋恐宋叛晉也溷樂祁子大行晉山名州晉地杜預氏云

爲明年宋公使樂大心如晉張本(使)去聲(大)音泰(行)音杭○公侵齊攻廩丘之郛主人焚衝或濡馬褐以救之遂毀之主人出師奔陽虎僞不見冉猛者曰猛在此必敗猛逐之顧而無繼僞顛虎曰盡客氣也廩丘齊邑郛郭也主人齊人衝戰車也馬褐馬衣也齊人焚魯攻郭之戰車魯人濡濕馬衣以救之遂毀其郭齊人出戰魯攻之郭人卻退陽州之役猛先歸虎爲若不見猛者言猛必敗以激之猛因逐廩丘人之出者尋復反顧見莫有繼其後者又詐爲顛仆而止客氣言非真勇也○附錄苫越生子將待事而名之陽州之役獲焉名之曰陽州苫越即苫夷季氏臣獲獲俘也名陽州以志其功欲自比于僑如也(苫)式占反

○夏齊國夏高張伐我西鄙晉士鞅趙鞅荀寅救我

公會晉師于瓦范獻子執羔趙簡子中行文子皆執

鴈。魯於是始尚羔。齊師已去晉師未入魯境故經不書救中行文子荀寅也周禮卿執羔大夫執鴈前此魯卿大夫皆執鴈今見士鞅爲政獨執羔魯於是始知執羔之尊○晉師將盟衛侯于鄟澤。趙簡子曰。群臣誰敢盟衛君者。涉佗成何曰。我能盟之。衛人請執牛耳。成何曰。衛吾温原也。焉得視諸侯。將歃。涉佗捘衛侯之手。及捥。衛侯怒。王孫賈趨進曰。盟以信禮也。有如衛君。其敢不唯禮是事。而受此盟也。鄟澤衛地晉師自瓦還就衛地爲盟前年衛叛晉屬齊簡子意欲因盟摧辱之故問敢盟衛君者涉佗成何晉二大夫盟禮卑者執牛首尊者臨之衛侯與晉大夫盟自以當尊故請晉大夫執之温原晉邑何言衛小僅可比晉屬邑不得從諸侯禮捘捉持之也捥腕同王孫賈衛大夫言盟以明禮有如衛君敢不辟有禮之國事之而受晉無禮之盟鄟音專捘音最衛侯欲叛晉而患諸大夫王孫賈使次于郊大夫問故公以晉詬語之且曰寡人辱社稷其改卜嗣寡人從焉大夫曰是衛之禍豈君之過也公曰又有患焉謂寡人必以而子與大夫之子爲質大夫曰苟有益也公子則往群臣之子敢不皆負羈紲以從將行王孫賈曰苟衛國有難工商未嘗不爲患使皆行而後可公以告大夫乃皆將行之行有日公朝國人使賈問焉曰若衛叛晉晉五伐我病何如矣皆曰五伐我猶可以能戰賈曰然則如叛之病而後質焉何遲之有乃叛晉衛侯與賈共設詭謀以重激國人使怒必叛晉始已患諸大夫恐其不從已也問故問不入國

之故詬辱也卜嗣者卜可嗣其位者從焉謂從諸大夫之所立而汝也子厚謂衛侯之子名厚者使工商
皆行欲激國人使皆怒也病猶患也能猶耐也如不如也言不如先叛晉以待其見伐吉病而後納質于
晉未為遲而失計質音致難去聲晉人請改盟弗許晉亦自悔無禮故請改盟秋
晉士鞅會成桓公侵鄭圍蟲牢報伊闕也遂侵衛桓公
周卿士經不書監師不親侵也六年鄭伐周闕外故晉為周報之侵衛討其叛也○九月師
侵衛晉故也魯猶事晉故為討衛○季寤公鉏極公山不狃皆
不得志於季氏叔孫輒無寵於叔孫氏叔仲志不得
志於魯故五人因陽虎陽虎欲去三桓以季寤更季
氏以叔孫輒更叔孫氏己更孟氏寤桓子弟極桓子族子不狃費邑宰
輒叔孫成子志叔孫帶之孫孟叔季三族皆出自桓公故號三桓更代也更音庚冬十月順

祀先公而祈焉。辛卯。禘于僖公。順祀順群廟之昭穆以合序也陽虎將行大事欲以順祀先公而祈勳禘不於大廟者順祀之義退僖公懼於僖神故於僖廟行順祀壬辰。將享季氏于蒲圃而殺之。戒都車曰。癸巳至。都車都邑兵車虎欲以壬辰夜殺季孫明日癸巳以都車攻孟叔二家成宰公斂處父告孟孫曰。季氏戒都車何故。孟孫曰。吾弗聞。處父曰。然則亂也。必及於子。先備諸。與孟孫以壬辰為期。處父期以兵救孟氏期壬辰先癸巳一日也陽虎前驅。林楚御桓子。虞人以鈹盾夾之。陽越殿。將如蒲圃。桓子咋謂林楚曰。而先皆季氏之良也。爾以是繼之。對曰。臣聞命後。陽虎為政。魯國服焉。違之徵死。死無益于主。桓子曰。何後之有。而能以我適孟氏乎。對曰不敢愛死。懼不免主。桓子曰往。也。鈹劍屬盾干櫓也越陽虎從弟咋嚙也有恨意而汝也言女先祖皆爲季氏良臣女當免已于難以繼續之後猶晚也徵召也往必往也〔咋〕音作孟氏選圉人之壯者三百人。以爲公期築室於門外。林楚怒馬。及衢而騁。陽越射之不中。築者闔門。有自門閒射陽越。殺之。陽虎劫公與武叔以伐孟氏。公斂處父帥成人自上東門入。與陽氏戰于南門之內。弗勝。又戰于棘下。陽氏敗。公期孟氏支子孟氏欲備難不使人知故僞爲公期築室于門外因以聚衆林楚乃激怒其馬及衢而騁以委孟氏季孫既得入築者遂閉孟氏之門武叔叔孫不敢之于州仇也處父如期以邑兵來救東門魯東城之北門棘下城內地名〔爲〕上聲〔射〕音石中去聲陽虎說甲如公宮取寶玉大弓以出。舍于五父之衢。寢而爲食。其徒曰追其將至。虎曰。魯人聞余出。喜於徵死。何暇追余。從者曰。嘻。速駕。公斂陽在。說脫也脫甲入宫示無畏也徵召也虎知魯人素畏已出奔方喜免於徵召而死何敢復追嘻恐懼之聲公斂陽即處父在言必來追也〔說〕音脫〔從〕去聲 公斂陽請追之。孟孫弗許。畏虎也 陽欲殺桓子。孟孫懼而歸之。公斂陽欲因亂討季氏以强孟氏孟孫懼季氏强不敢殺而歸之 子言辨舍爵於季氏之廟而出。子言季寤也辨猶徧也徧告廟飲酒示無懼也〔辨〕音徧 陽虎入于讙陽關以叛。陽關虎前所居杜預氏云叛不書畧家臣也 ○附錄 鄭駟歂嗣子大叔爲政。歂駟乞子子然也杜預氏云爲明年殺鄧析張本〔歂〕音遄〔大〕音泰

〔經〕庚子 九年 陳閔公元年 春王正月。○夏四月戊申。鄭伯蠆

卒。無傳○得寶玉大弓。得者，對失而言之也。直書曰得，以明其得而復失也。梁穀傳云惡得之得

之堤下○六月，葬鄭獻公。無傳○秋，齊侯、衛侯次于五氏。五氏，晉地，在今址直隸邯鄲縣境。○愚按：齊衛伐晉也。經不書伐而書次，或以爲諱伐盟則襄

二十三年齊遂伐晉，何以不諱？或以爲春秋重絕晉

則文元年衛人伐晉，何以不重絕晉？蓋齊衛雖有玩

晉之心，而晉力尚強，未敢訟言伐之，故二國不以伐

晉告，而春秋亦因其告而書之，以示存晉之意云。

○秦伯卒。無傳○冬，葬秦哀公。無傳

傳九年附錄春，宋公使樂大心盟于晉，且逆樂祁之尸。

辭，僞有疾，乃使向巢如晉盟，且逆子梁之尸。子明謂

桐門右師出，曰：吾猶衰絰，而子擊鐘，何也？右師曰：喪

不在此故也。既而告人曰：已衰絰而生子，余何故舍

鐘。子明聞之怒。言于公曰。右師將不利戴氏。不肯適晉。將作亂也。不然。無族。乃逐桐門右師。前年樂祁使晉被執卒于晉公使大心逆其尸巢向戌曾孫子明樂祁之子溷也大心官右師居桐門子明族父右師與子明同居子明忿其不逆父喪因責其擊鍾作樂無同族之義故逐之使別居已謂子明樂氏戴氏族不利言將害其族逐大心在明年傳終昭二十五年叔孫昭子右師其亾之言衰音催○附錄鄭駟歂殺鄧析而用其竹刑。鄧析鄭大夫欲改鄭所鑄刑書舊制不受君命而私造刑法書于竹簡謂之竹刑駟歂以別罪殺析而用其竹刑之法君子謂子然於是不忠。苟有可以加於國家者。棄其邪可也。靜女之三章。取彤管焉。竿旄何以告之。取其忠也。故用其道。不棄其人。詩云。蔽芾甘棠。勿翦勿伐。召伯所茇。思其人。猶愛其樹。況用其道而不恤其人乎。子然無以勸能矣。子然騶歂也加猶益也弃不責也靜女詩邶風篇其三章云靜女其變貽我彤管彤管赤管筆也女史記事規誨之所執言取其管之美而弃其人之無德竿旄詩鄘風篇其卒章云彼姝者子何以告之言取忠告之言而不論人之在下此二詩皆以一善見采而鄧析不以一善存身詩召南甘棠篇蔽芾小貌甘棠社也茇草舍也召伯廵行南國或舍甘棠之下詩人思之不伐其樹勸能勸有能之人也深咎騶顓之殺鄧析爲不忠也杜預氏云傳言子然嗣大叔爲政鄭所以衰弱【芾】芳味反【茇】畔末反○陸粲氏曰今世有鄧析書曰無厚轉辭者二篇大抵商鞅韓非語也其爲竹刑將非此類乎雖子然之殺之吾以爲後矣何謂不忠子然之不忠在用竹刑不在殺鄧析

○夏。陽虎歸寶玉大弓。書曰得器用也。凡獲器用曰得。得用焉曰獲。虎以寶玉大弓無益于用而取惡名故歸之得成器可用謂之得用器物以有獲若麟爲田獲俘爲戰獲之類謂之獲

六月。伐陽

關。陽虎使焚萊門。師驚。犯之而出奔齊。請師以伐魯。曰。三加必取之。齊侯將許之。陽虎以陽關叛故討之萊門陽關邑門魯師見火起故驚虎因犯而出三加三加師也鮑文子諫曰。臣嘗爲隷於施氏矣。魯未可取也。上下猶和。衆庶猶睦。能事大國。而無天菑。若之何取之。陽虎欲勤齊師也。齊師罷。大臣必多死亡。已於是乎奮其詐謀。夫陽虎有寵於季氏。而將殺季孫。以不利魯國。而求容焉。親富不親仁。君焉用之。君富於季氏。而大於魯國。茲陽虎所欲傾覆也。魯免其疾。而君又收之。無乃害乎。文子鮑國也施氏魯大夫鮑國曾爲其臣成十七年齊人召而立之大國謂晉勤謂勞敝之也死亡死于戰鬭也已謂陽虎奮其詐謀謂將圖齊也求容求容身于齊也疾患也〔罷〕音皮孫應鰲氏曰論齊魯之勢明探陽虎之心盡○齊侯執陽虎將東之陽虎願東乃囚諸西鄙盡借邑人之車鍥其軸麻約而歸之載葱靈寢於其中而逃追而得之囚於齊又以葱靈逃虎本欲西奔晉知齊必反己故詐以東爲願鍥刻也刻之使易折又以麻縛刻處歸之使不知將以絕追己者葱靈輜車名此車前後有蔽兩旁開牕可以觀望故得寢於其中而逃〔鍥〕若結反葱初江反奔宋遂奔晉適趙氏仲尼曰趙氏其世有亂乎以其受亂人故知世亂○秋齊侯伐晉夷儀前年衛侯叛晉事齊故齊侯爲衛伐晉敝無存之父將室之辭以與其弟曰此役也不死反必娶於高國先登求自門出死於霤下無存齊士其父將爲取婦乃以讓弟而欲立功于晉歸取高國二貴族以自高及先登城以後

負不繼後求門出鬪死于門屋之霤下霤音溜東郭書讓登。犂彌從之。曰。子讓而左。我讓而右。使登者絕而後下。書左。彌先下。書與王猛息。猛曰。我先登。書歛甲曰。曩者之難。今又難焉。猛笑曰。吾從子如驂之靳。書東郭偃之後犂彌齊人無存死書彌繼之登城非衆所樂故書讓衆使後而巳先登彌從之登下入城也彌恐書先下入城詐謂書讓衆而立于城左巳讓衆而立于城右必俟外登城者盡絕而後下城戰書詒從彌言俟于左彌遂自先下亦讓也猛亦齊人息戰訖共止息也歛收也書惡猛攘巳功欲擊之故歛甲而起言向有登城之難今又有王猛之難不可不擊靳車中馬也猛不敢與爭言我從子登城如驂馬之隨靳也杜預氏云傳言齊師和所以能克【難】去聲【靳】巾去

晉車千乘在中牟。衛侯將如五氏。卜過之。龜焦。衛侯曰。可也。衛車當其半。寡人當其半。敵矣。乃過

中牟。中牟人欲伐之。衛褚師圃亡在中牟。曰。衛雖小。其君在焉。未可勝也。齊師克城而驕。其帥又賤。遇必敗之。不如從齊。乃伐齊師。敗之。齊侯致禚媚杏於衛。中牟晉地今為河南中牟縣五氏晉地在中牟扗晉以千乘救夷儀屯兵中牟而齊侯在五氏衛侯將往助之道過中牟畏晉故卜龜焦兆不成不可以行事也衛侯以前辱怒甚不復顧卜故言晉車千乘衛之兵車當晉五百乘我以身當五百則相敵也褚師圃舊衛大夫時已奔在中牟城謂夷儀帥謂東郭書禚媚杏三邑皆齊西界致于衛以謝衛也禚音酌

齊侯賞犂彌。犂彌辭曰。有先登者。臣從之。晳幘而衣貍製。公使視東郭書。曰。乃夫子也。吾貺子。公賞東郭書。辭曰。彼賓旅也。乃賞犂彌。師雖後敗猶賞夷儀之功先及彌彌以讓書而狀書之貌與冠服以為信故賞書書又言彼若賓旅之讓

我而先登彼之功也故仍賞彌晢白也製即裘也幘音責衣去聲 齊師之在夷儀也。

齊侯謂夷儀人曰。得敝無存者。以五家免。乃得其尸。

公三襚之。與之犀軒。與直蓋。而先歸之。坐引者。以師

哭之。親推之三。五家免給其五家令不供役事也三襚三加襚衣也犀軒卿車也坐膝坐

引者挽喪人停喪車帥師衆哭之後親推其輪三轉

經辛丑十年。鄭聲公蔡惠公元年春王三月。及齊平及齊平者我欲平而彼從

我平也○李廉氏曰前此魯數侵齊齊數伐魯至孔子爲相與齊相平而齊受之 ○夏。公會

齊侯于夾谷。夾谷今山東淄川縣西南有夾谷山一名祝其山 ○公至自夾

谷。無傳 ○晉趙鞅帥師圍衛。○家鉉翁氏曰晉自召陵以後凡用兵書侵以義不

足以服人也此後書圍以力不足以服人也 ○齊人來歸鄆。讙。龜陰田。書齊

人來歸言齊人自以故還來歸非假兵力嘗討而得之也龜陰龜山之陰在山東泰安州竟後人因名謝過城○叔孫州仇仲孫何忌帥師圍郈。郈叔孫氏邑今山東沂州有郈城○秋。叔孫州仇仲孫何忌帥師圍郈。大夫攻叛邑自夏至秋再圍以兵春秋據實直書其敗自見○宋樂大心出奔曹。傳在前年春書名罪其稱疾不適晉也○宋公子地出奔陳。書名罪其扶魋而不忌君也○冬。齊侯。衛侯。鄭游速會于安甫。無傳安甫地闕此會以衛有晉難故也○叔孫州仇如齊。○宋公之弟辰暨仲佗。石彄。出奔陳。書弟罪宋公以嬖魋故失其弟書暨罪辰以公子地故強其大夫出奔彄音摳

【傳】十年春。及齊平。平八年再侵齊之怨○夏。公會齊侯于祝其。實夾谷。孔丘相。犂彌言于齊侯曰。孔丘知禮而無勇。

若使萊人以兵刼魯侯，必得志焉。齊侯從之。（相，相會儀也。犂彌，齊勇士。萊人，齊所滅萊夷也。相，去聲。）孔丘以公退，曰：「士兵之！兩君合好，而裔夷之俘以兵亂之，非齊君所以命諸侯也。裔不謀夏，夷不亂華，俘不干盟，兵不偪好。於神爲不祥，於德爲愆義，於人爲失禮，君必不然。」（兵之，令其以兵擊萊人也。萊已滅，故云俘。中國有禮儀之大，故稱夏；有服章之美，故稱華。裔不謀夏，夷不亂華，二句語意大同。干，與也。好，和好也。祥，善也。盟將告神，犯之爲不善也。德指理言。愆，失也。人指身言。）齊侯聞之，遽辟之。將盟，齊人加於載書曰：「齊師出竟，而不以甲車三百乘從我者，有如此盟。」孔丘使茲無還揖對曰：「而不反我汶陽之田，吾以共命者，亦如之。」（辟，辟去萊兵也。如此盟，如此盟。）

詛之禍無還魯大夫言須齊歸汶陽之田乃足當三百乘之命要盟不潔故經不書盟〔辟〕音闢〔共〕音恭

齊侯將享公。孔丘謂梁丘據曰。齊魯之故。吾子何不聞焉。事既成矣。而又享之。是勤執事也。且犧象不出門。嘉樂不野合。饗而既具。是弃禮也。若其不具。用秕稗也。用秕稗。君辱。弃禮。名惡。子盍圖之。夫享。所以昭德也。不昭。不如其已也。乃不果享。梁丘據齊嬖臣故舊典也事謂會事犧象犧尊象尊酒器也嘉樂鍾磬也野原野也合奏也具謂具犧象嘉樂禮宗廟朝廷之禮秕穀不成者稗草似穀者喻享不具禮穢薄若秕稗也孔子知齊懷詐慮其掩襲故托正禮以拒之〔秕〕音鄙〔稗〕皮賣反

齊人來歸鄆讙龜陰之田三田即汶陽田為齊所侵者經歸田在趙鞅圍衛之後傳進于上令與盟事相接故也穀梁傳云夾谷之會孔子相焉兩君就壇兩相相揖齊人鼓譟而起欲

以執魯君孔子歷階而上不盡一等而視歸乎齊侯曰兩君合好夷狄之民何爲來爲命司馬止之齊侯逡巡而謝曰寡人之過也退而屬其二三大夫曰夫人率其君與之行古人之道二三子獨率我而入夷狄之俗何爲罷會齊人使優施舞于魯君之幕下孔子曰笑君者罪當死使司馬行法焉首足異門而出齊人來歸鄆讙龜陰之田者蓋爲此也○李廉氏曰參諸家皆當以穀梁及史記謝過之說爲正左氏所載夫子請齊歸汶陽之語失之

○晉趙鞅圍衛報夷儀也前年齊爲衛伐晉夷儀故晉伐衛以報之初衛侯伐邯鄲午於寒氏城其西北而守之宵熸及晉圍衛午以徒七十人門於衛西門殺人於門中曰請報寒氏之役涉佗曰夫子則勇矣然我往必不敢啓門亦以徒七十人旦門焉步左右皆至而立如植日中不啓門乃退反役晉人討衛之叛故

曰由涉佗成何於是執涉佗以求成於衛衛人不許晉人遂殺涉佗成何奔燕邯鄲今爲北直隸邯鄲縣午晉守邯鄲大夫寒氏即五氏前年衛人助齊伐五氏宵潛午衆宵特靡散也門攻門也衛開門與午鬭故殺人于門中啓開也謂衛不敢開門與我鬭也旦平旦也佗先至門步行于左右示無恐然後其徒皆至爲立如植木不動以示整午以殺人雪恥爲勇佗使衛不敢出敵爲尤勇討探問也八年晉盟衛涉佗捘衛侯手成何比衛溫原故云由涉佗成何撍音尖君子曰此之謂弃禮必不鈞詩曰人而無禮胡不遄死涉佗亦遄矣哉弃禮言勇而無禮也鈞等也言必見殺不得與人等也詩鄘風相鼠篇遄速也○初叔孫成子欲立武叔公若藐固諫曰不可成子立之而卒公南使賊射之不能殺公南爲馬正使公若爲郈宰武叔既定使郈馬正侯

犯殺公若。弗能。其圉人曰。吾以劒過朝。公若必曰誰之劒也。吾稱子以告。必觀之。吾僞固而授之末。則可殺也。使如之。公若曰。爾欲吳王我乎。遂殺公若。武叔即州仇。公若藐，其族也。公南，其家臣，武叔之黨。公若即藐。武叔恨公若諫立，既使賊射之，又使侯犯殺之，皆不克。圉人，武叔養馬之人。朝，謂郈邑之朝。子，謂武叔。禮授刃劒，當以鋒刃自鄉而授其環。今圉人僞爲固陋不知禮者，以鋒刃末授之，欲因推而殺之。使如之，言使爲如此也。鱄設諸用劒殺吳王，故云欲吳王我。射音石，下同。侯犯以郈叛。武叔懿子圍郈。弗克。犯自以不能副命，故叛。秋。二子及齊師復圍郈。弗克。叔孫謂郈工師駟赤曰。郈非唯叔孫氏之憂。社稷之患也。將若之何。對曰。臣之業在揚水卒章之四言矣。叔孫稽首。駟赤謂侯犯曰居齊魯之際而無事必不可矣子盍求事於齊以臨民不然將叛侯犯從之齊使至駟赤與郈人爲之宣言於郈中曰侯犯將以郈易于齊齊人將遷郈民衆兇懼駟赤謂侯犯曰衆言異矣子不如易於齊與其死也猶是郈也而得紓焉何必此齊人欲以此偪魯必倍與子地且盍多舍甲於子之門以備不虞侯犯曰諾乃多舍甲焉侯犯請易於齊齊有司觀郈將至駟赤使周走呼曰齊師至矣郈人大駭介侯犯之門甲以圍侯犯駟赤將射之侯犯止之曰謀免我侯犯請行許之工師掌工匠官業職業也揚水詩唐風篇其卒章四言曰我聞有命稽首謝其

受已命也于是赤許使犯以郈降復激郈人使叛犯無事兩無所屬也宣言詐爲齊使言也易謂以郈易齊別邑克懼聲畏變畏不服也赤誘言與其守郈爲叛人所殺不若易邑于齊就與郈無畏而得紓緩其禍何必守郈此謂郈也舍置也觀度其虛實也介因也既誘使置甲于門又呼齊師至以駭郈人因其甲而圍之將射之僞爲犯射郈人犯不知乃曰當圖免我許之郈人許其行也(使)去聲

駟赤先如宿侯犯殿每出一門郈人閉之及郭門止之曰子以叔孫氏之甲出有司若誅之群臣懼死駟赤曰叔孫氏之甲有物吾未敢以出犯謂駟赤曰子止而與之數駟赤止而納魯人侯犯奔齊齊人乃致郈

宿故宿國閉之閉其後門也出謂出奔誅責也言犯勿以叔孫之甲出奔恐有司責其數物謂有識別也數數甲以相付納魯人納魯圍郈之師致致其名簿也杜預氏云爲下武叔如齊傳(殿)去聲○汪克寬氏曰詼詭欺誑誑

僞不誠下執此以叛其上上執此以危其下雖幸勝之其何以保有國家乎○宋公子地嬖蘧富獵十一分其室而以其五與之公子地有白馬四公嬖向魋魋欲之公取而朱其尾鬣以與之地怒使其徒抶魋而奪之魋懼將走公閉門而泣之目盡腫母弟辰曰子分室以與獵也而獨卑魋亦有頗焉子爲君禮不過出竟君必止子公子地出奔陳公弗止辰爲之請弗聽辰曰是我迋吾兄也吾以國人出君誰與處冬母弟辰暨仲佗石彄出奔陳地景公弟蘧富獵其嬖寵也室謂室之財物向魋司馬桓魋也閉門泣魋哀其將奔也母弟辰景公同母弟也子謂地頗偏也爲禮謂辟君以爲禮也迋欺也欺之使出奔也佗仲幾子彄褚師段子皆宋卿衆之所望故云國人蘧

音渠魋音頹迋求往反○武叔聘于齊齊侯享之曰子叔孫若使郈在君之他竟寡人何知焉屬與敝邑際故敢助君憂之對曰非寡君之望也所以事君封疆社稷是以敢以家隸勤君之執事夫不令之臣天下之所惡也君豈以爲寡君賜聘齊謝致郈也際相接也齊侯蓋以致郈爲德於魯也是以猶是爲也言魯所以事君將爲其封疆社稷之大事不令之臣謂侯犯義所當討非君爲賜于我魯也杜預氏云經辰奔在聘齊之後從告也竟音境

春秋左傳註評測義卷之六十三終

春秋左傳註評測義卷之六十四

明吳興後學凌稚隆輯著

定公四

經 壬寅 十有一年春。宋公之弟辰及仲佗石彄公子地。自陳入于蕭以叛。及者以此及彼兩相欲之辭自者因其力也書自陳而陳之罪亦著矣蕭宋邑 ○夏四月。○秋。宋樂大心自曹入于蕭。四卿入蕭以叛而大心自曹入蕭其叛可知故不書叛 ○冬。及鄭平。此平六年侵鄭取匡之怨也鄭睦于齊齊與魯平而鄭亦平矣 叔還如鄭涖盟。還叔弓曾孫還音旋

傳 十一年春。宋公母弟辰暨仲佗石彄公子地入于蕭以叛。秋。樂大心從之。大爲宋患。寵向魋故也。樂大心九

年披逐今從辰以叛蓋惡宋公寵不義所以致國患○冬。及鄭平。始叛晉也。魯自僖公以來世事晉今始叛

【經】癸卯十有二年。春。薛伯定卒。無傳○夏。葬薛襄公。無傳○叔孫州仇帥師墮郈。郈叔孫氏邑○衛公孟彄帥師伐曹。彄孟縶子○季孫斯仲孫何忌帥師墮費。費季氏邑○秋。大雩。無傳○冬。十月。癸亥。公會齊侯盟于黃。無傳結叛晉也○十有一月。丙寅。朔。日有食之。無傳○公至自黃。無傳○十有二月。公圍成。成孟氏邑○公至自圍成。無傳國內用兵不應書而出入皆書者成強若列國興動大衆皆告廟也

【傳】十二年。夏。衛公孟彄伐曹。克郊。還。滑羅殿。未出。不

退於列。其御曰殿。而在列。其為無勇乎。羅曰與其素厲。寧為無勇。郯曹邑滑羅衛大夫未出曹竟羅殿不退在行列之後素空厲猛也羅言與其空稱猛以驕人寧為無勇可也亦孟之反不伐之意(殿)顛去○仲由為季氏宰。將墮三都。於是叔孫氏墮郈。墮毀也三都三桓之私邑費郈成也是時三都強盛奪三家之權將為國害故仲由欲毀之季氏將墮費。公山不狃。叔孫輒帥。費人以襲魯。公與三子入于季氏之宮。登武子之臺。費人攻之。弗克。入及公側。仲尼命申句須樂頎下伐之。費人北。國人追之。敗諸姑蔑。二子奔齊。遂墮費。不狃費邑宰輒不得志于叔孫氏故二人作亂以襲魯三子孟叔季也武子季武子也公入季氏家而登其臺今曲阜縣竟內有季武子臺即公所登側臺下也申句須樂頎二大夫仲尼時為司寇命二子下伐費人北敗北走也〔句〕音勉〔頎〕音祈 將墮成。公斂處父謂孟孫。墮成。齊人必至於北門。且成。孟氏之保障也。無成。是無孟氏也。子僞不知。我將不墮。冬。十二月。公圍成。弗克。處父成邑宰成在齊北竟毀之無以蔽齊。○愚按公羊傳孔子行乎季孫告季孫而墮二邑何休氏述叔孫季孫宰吏數叛患之以告孔子孔子曰陪臣執國命采長數叛者坐邑有城池之固家有兵甲之藏故也季氏說而墮之此即左氏墮郈墮費之說而家語以爲墮三都胡氏因之不詳所以恐非其實也然則何以不墮成蓋郈費之叛荐爲季氏害故孔子因其機而墮之成實不叛而處父在成方有功于孟氏故季氏私與處父比成而成不墮者職故之以也然孔子亦豈終不能墮哉桓子舍己權以聽孔子而外侮既却魯國治矣其心必有以爲不利者故受女樂以蠱惑其君使不復可與有爲而孔子之道不行矣于是遂去之向使孔子而久得志于魯也者其奚一成之足墮云

經 甲辰

十有三年。春。齊侯。衛侯。次于垂葭。垂葭衛地 ○夏。築蛇淵囿。無傳今山東定陶縣界有蛇丘城書不時也 ○愚按此與受女樂事相類盖孔子去魯而君臣志荒矣 ○大蒐于比蒲。無傳夏蒐非時也 ○衛公孟彄師師伐曹。無傳 ○秋。晉趙鞅入于晉陽以叛。晉陽今爲山西太原縣本晉封後爲趙氏所據鞅入私邑以拒范中行而昧于投鼠忌器之義故書叛以罪之 ○冬。晉荀寅士吉射入于朝歌以叛。吉射士鞅子朝歌衛之舊都後屬晉二子以午之故興兵首禍實爲無君故書叛以罪之 ○晉趙鞅歸于晉。先書鞅叛繼書鞅歸言已叛之人非所得歸而歸也 ○薛弒其君比。無傳

傳 十三年春。齊侯。衛侯。次于垂葭。實郥氏。使師伐晉。將濟河。諸大夫皆曰。不可。邴意茲曰。可。銳師伐河內。

傳必數日而後及絳絳不三月不能出河則我既濟水矣乃伐河內齊侯皆斂諸大夫之軒唯邴意茲乘軒垂葭改名郥氏今山東鉅野縣舊有郥亭二君以師伐晉已次郥氏以爲之援邴意茲齊大夫傳傳車也言傳車奔告晉必數日方至計非三月晉亦不能出河則我已卒事濟河而歸矣斂諸大夫軒示罰也獨令意茲軒所以光寵之〔恥〕古閒反〔傳〕張戀反〔邴〕彼命反齊侯欲與衛侯乘與之宴而駕乘廣載甲焉使告曰晉師至矣齊侯曰比君之駕也寡人請攝乃介而與之乘驅之或告曰無晉師乃止乘共載也乘廣兵車也比猶待也齊侯欲與衛侯共乘宴歡先駕乘廣載甲於其上謬使人告曰晉師至而謂衛侯曰待及君駕之至恐緩請以已車攝焉乃被甲共衛侯乘驅之使赴敵以無敵而退杜預氏云傳言齊侯輕所以不能成功〔比〕去聲○晉趙鞅謂邯鄲午曰

歸我衛貢五百家吾舍諸晉陽午許諾歸告其父兄父兄皆曰不可衛是以爲邯鄲而寘諸晉陽絕衛之道也不如侵齊而謀之乃如之而歸之于晉陽趙孟怒召午而囚諸晉陽使其從者說劒而入涉賓不可乃使告邯鄲人曰吾私有討於午也二三子唯所欲立遂殺午十年趙鞅圍衛衛人懼貢五百家鞅置之邯鄲今欲徙而舍之晉陽封殖私邑之計也爲猶親也父兄言衛以五百家在邯鄲是以與邯鄲親若從之晉陽是絕衛也不如侵齊則齊必來伐我因以懼齊爲名而徙之則衛與邯鄲之好不絕欲如是謀而後歸晉陽趙鞅不察午謀謂午不用命故囚之而禁其從者帶劒防其亂也涉賓午家臣忿其主以非罪見囚故不從午趙鞅同族别封邯鄲鞅使邯鄲人更立其宗親而殺午爲從俱去聲說音脫趙稷涉賓以邯鄲叛夏六

月上軍司馬籍秦圍邯鄲邯鄲午荀寅之甥也荀寅范吉射之姻也而相與睦故不與圍邯鄲將作亂董安于聞之告趙孟曰先備諸趙孟曰晉國有命始禍者死為後可也安于曰與其害于民寧我獨死請以我說趙孟不可秋七月范氏中行氏伐趙氏之宮趙鞅奔晉陽晉人圍之稷趙平子寅即中行吳之子午母乃寅姊妹壻父曰姻荀范以相睦故欲攻趙鞅以解邯鄲之圍董安于趙氏家臣請先二家為備鞅避國法欲俟二家先而後應之安于言與其見攻傷害于民寧我任始禍之名請殺我以解說于國〔須〕音領〔說〕如字范皐夷無寵於范吉射而欲為亂於范氏梁嬰父嬖於知文子文子欲以為卿韓簡子與中行文子相惡魏襄子亦

與范昭子相惡故五子謀將逐荀寅而以梁嬰父代之逐范吉射而以范皐夷代之荀躒言於晉侯曰君命大臣始禍者死載書在河今三臣始禍而獨逐鞅刑已不鈞矣請皆逐之冬十一月荀躒韓不信魏曼多奉公以伐范氏中行氏弗克（皐夷范氏側室子知文子荀躒也韓簡子不信也中行文子荀寅也魏襄子曼多也范昭子士吉射也五子謂范皐夷梁嬰父知文子韓簡子魏襄子也書盟書在河沈之于河也三臣謂范氏中行氏趙氏〔射〕音石〔知〕音智）二子將伐公齊高彊曰三折肱知為良醫唯伐君為不可民弗與也我以伐君在此矣三家未睦可盡克也克之君將誰與若先伐君是使睦也弗聽遂伐公國人助公二子

敗從而伐之丁未荀寅士吉射奔朝歌高彊齊子尾之子昭十年奔魯遂適晉言人歷病多者知治病之法以諭已知伐君之不可由我以伐君之故出奔在此爾三家知韓魏也將誰與言晉君無助不容不復與我也韓魏以趙氏爲請十二月辛未趙鞅入于絳盟于公宮韓魏以趙鞅非始禍故請復之絳晉都林堯叟氏云傳錄晉衰亂見三家分晉之始○附錄初衛公叔文子朝而請享靈公退見史鰌而告之史鰌曰子必禍矣子富而君貪罪其及子乎文子曰然吾不先告子是吾罪也君既許我矣其若之何史鰌曰無害子臣可以免富而能臣必免於難上下同之戍也驕其亾乎富而不驕者鮮吾唯子之見驕而不亾者未之有也戍必與焉及文

子卒衛侯始惡於公叔戍以其富也公叔戍又將去夫人之黨夫人愬之曰戍將為亂文子即公叔發欲靈公臨其家以受享史鰌即史魚臣盡臣禮也戍文子之子與謂與於難夫人靈公夫人南子也夫人黨如宋朝之徒杜預氏云為明年戍來奔傳[鰌]音秋[難]去聲[與]音預愚按史魚之為文子謀也無亦勸之歸邑於公散積於衆貴而能貧以無益驕者之過即戍也庶幾不亾乎而僅曰富而能臣巳爾其於君貪奚濟焉雖文子而得免於難亦巳倖矣

經乙巳十有四年春衛公叔戍來奔衛趙陽出奔宋陽趙黶孫杜預氏云書名者親富不親作○二月辛巳楚公子結陳公孫佗人師師滅頓以頓子牂歸頓楚與國牂頓子名書楚結陳佗人連兵滅頓誅楚而罪陳也○夏衛北宮結來奔○五月於越敗吳于[牂]音臧

檇李。吳子光卒。檇李吳邑今浙江嘉興縣西南有檇李城書敗詐戰也書卒于敗下見其以敗卒也【檇】音醉

○公會齊侯衛侯于牽。牽在今北直隸內黃縣

公至自會。無傳

○秋齊侯宋公會于洮。洮曹地

○天王使石尚來歸脤。無傳石尚天子之士脤祭肉也生曰脤熟曰膰○胡寧氏曰諸侯助祭于宗廟然後受俎實時魯不助祭而歸脤非禮也

○衛世子蒯聵出奔宋。靈公以寵南子故逐大子大子以欲殺南子故出奔故春秋特書世子兩著其罪

○衛公孟彄出奔鄭。彄蒯聵黨書名罪之

○宋公之弟辰自蕭來奔。無傳書宋公弟罪宋公也

○大蒐于比蒲。

○邾子來會公。無傳會公于比蒲

○城莒父及霄。無傳公叛晉助范氏故懼晉而城二邑此年無冬史闕文也

【傳】十四年春。衛侯逐公叔戌。與其黨。故趙陽奔宋。戌

來奔。趙陽戌之黨戌奔魯果如史鰌之言○家鉉翁氏曰戌也怙富而驕素無國中之譽乃欲以正君自任事不克而速禍宜也○附錄梁嬰父惡董安于。謂知文子曰。不殺安于。使終爲政於趙氏。趙氏必得晉國。盍以其先發難也。討於趙氏。文子使告於趙孟曰。范中行氏雖信爲亂。安于則發之。是安于與謀亂也。晉國有命。始禍者死。二子既伏其罪矣。敢以告。趙孟患之。安于曰。我死而晉國寧。趙氏定。將焉用生。人誰不死。吾死莫矣。乃縊而死。趙孟尸諸市。而告於知氏曰。主命戮罪人安于。既伏其罪矣。敢以告。知伯從趙孟盟。而後趙氏定。祀安于於廟。討治也嬰父欲殺安于故欲以其先發范中行之難討治趙氏

而使殺之莫遲也主謂荀躒知伯即荀躒祀安于於趙氏廟以報其忠也〔知〕音智〔難〕去聲〔與〕音預〔莫〕音暮

頓子牂欲事晉背楚而絕陳好二月楚滅頓杜預氏云傳言小不事大所以亾○夏衛北宮結來奔公叔戍之故也結戍之黨

○吳伐越越子句踐禦之陳于檇李句踐患吳之整也使死士再禽焉不動使罪人三行屬劍於頸而辭曰二君有治臣奸旗鼓不敏於君之行前不敢逃刑敢歸死遂自剄也師屬之目越子因而伐之大敗之靈姑浮以戈擊闔廬闔廬傷將指取其一屨還卒於陘去檇李七里史記吳闔廬聞越王允常死興兵伐之報五年越入吳也句踐允常之子整嚴整也治治軍旅也奸犯也越使敢死之士往輒爲吳所禽因冉往遺之禽欲因其亂擊之而吳師不

勦又使罪人當死者列爲三行各自以劍注頸而言於吳師欲自歸死於吳遂皆自刎死于是吳人怪其所爲皆注目而視之而越因乘其怪訝而敗之靈姑浮越大夫將指足大指也陘吳地還而卒于陘經所以不書緘一云禽如鷙鳥之發急持以衛其陳〔句〕音鈎〔行〕音杭〔屬〕音燭〔將〕去聲

夫差使人立於庭。苟出入必謂己曰。夫差。而忘越王之殺而父乎。則對曰。唯。不敢忘。三年。乃報越。夫差闔廬嗣子而汝也對夫差對也林堯叟氏云爲哀元年吳入越傳

○晉人圍朝歌。公會齊侯衛侯于脾上梁之間。謀救范中行氏。析成鮒小王桃甲。率狄師以襲晉。戰于絳中。不克而還。士鮒奔周。小王桃甲入于朝歌。脾上梁卽牽地齊魯叛晉故謀助范中行氏析成鮒小王桃甲晉二大夫范中行之黨士鮒卽析成鮒○季本氏曰衛方有內難懼晉討朝歌或將生變故合齊魯以會于牽左氏謂晉人圍朝歌

公會齊侯救范中行氏經文未嘗書圍書救安可遽謂三國爲是而會哉秋齊侯宋公會于洮范氏故也。自齊景圖霸衛鄭魯既與同盟矣宋猶未忍絕晉至是始及齊爲此會蓋始絳于齊也

○衛侯爲夫人南子召宋朝會于洮大子蒯聵獻盂于齊過宋野野人歌之曰既定爾婁豬盍歸吾艾豭。大子羞之謂戲陽速曰從我而朝少君少君見我我顧乃殺之速曰諾乃朝夫人夫人見大子大子三顧速不進夫人見其色啼而走曰蒯聵將殺余公執其手以登臺。南子宋女朝宋公子舊通南子靈公爲南子召之蒯聵靈公大子盂邑名就牽之會獻于齊故自衛過宋野婁豭求子豬也艾豭老牡豬也言爾求子之婁豬既會牡則已定矣何不以老牡豭還歸于我乎蓋以婁豭比南子艾豭比公子朝也戲陽速大子家臣少君小君也夫人

之稱顛回顧也南子見太子色變知其欲殺己故啼而走〔爲去聲〕〔大音泰下同〕〔豭〕音加〔戲〕音羲○愚按左氏序蒯聵欲殺夫人張洽氏引劉敞氏劉絢氏二說謂蒯聵必無此事如哀姜亂魯驪姬亂晉自古讒婦誣其子者多矣此猶異產也若欒祁與老州賓通至譖其親子而殺之婦人之凶淫毒害亦至如此以春秋不去其世子觀之其言有據可取而汪克寬氏則謂三子之說固善然皆泥于書世子之義楚商臣蔡般弒君而書世子豈亦與之乎此又不然商臣般書世子者于以見有父之親有君之尊故甚其惡而書之恐與此書法不同

大子奔宋。盡逐其黨。故公孟彄出奔鄭。自鄭奔齊。大子告人曰。戲陽速禍余。戲陽速告人曰。大子則禍余。大子無道。使余殺其母。余不許。將戕於余。若殺夫人。將以余說。余是故許而弗爲。以紓余死。諺曰。民保於信。吾以信義也。公孟彄孟縶之子大子黨戕殘殺也說解說也紓緩也諒言民有信以保身我以義爲可信故不從非義之言說說如字○愚按速也既知大子無道曷于造謀之始涕泣極諫俾其感悟而中止焉是則可謂以信義云爾今也不然始則依違以諾之不可謂義終則遲疑以背之不可謂信是特反覆小人之流而顧以信義自許將誰欺乎○附錄冬十二月。晉人敗范中行氏之師於潞。獲籍秦高彊。又敗鄭師及范氏之師于百泉秦彊皆范氏黨緣景王言籍父無後鄭助范故并敗百泉地闕

經丙午十有五年。吳夫差元年春王正月。邾子來朝。邾子以去年來會未成禮故復來朝○鼷鼠食郊牛。牛死。改卜牛。無傳不言所食食非一處以至死也改卜禮也鼷音兮○二月辛丑。楚子滅胡。以胡子豹歸。楚子親帥師故書楚子非子之也豹胡子名○夏五月辛亥。郊。無傳書過也○壬申。公薨于高寢。高寢燕寢也不於路寢非正也○鄭罕達帥師伐

宋。○齊侯衛侯次于渠蒢。渠蒢宋地書次不果救也蒢音除○邾子來奔喪。無傳公羊傳云諸侯奔喪非禮也○秋七月壬申。姒氏卒。定公夫人○八月庚辰朔。日有食之。無傳○九月滕子來會葬。無傳杜預氏云諸侯會葬非禮也○丁巳葬我君定公。雨不克葬。戊午日下昃。乃克葬。○辛巳葬定姒。○冬城漆。邾庶其邑

【傳】十五年春。邾隱公來朝。子貢觀焉。邾子執玉高。其容仰。公受玉卑。其容俯。邾君名益周禮公執桓圭侯執信圭伯執躬圭子執穀璧男執蒲璧以朝覲宗遇會同乎王諸侯相見亦如之子貢曰。以禮觀之。二君者。皆有死亡焉。夫禮。死生存亡之體也。將左右周旋進退俯仰。於是乎取之。朝祀喪戎。於是乎觀之。今正月

相朝而皆不度。心已亡矣。嘉事不體。何以能久。高仰驕也。卑俯替也。驕近亂。替近疾。君爲主。其先亡乎。體如人身之有體也不度不合禮度也嘉事謂朝禮不體不得其禮之正主先賓後故知魯之先亡杜預氏云爲此冬公薨哀七年邾子益歸傳 ○吳之入楚也。胡子盡俘楚邑之近胡者。楚既定。胡子豹又不事楚。曰存亡有命。事楚何爲。多取費焉。二月。楚滅胡。吳入楚在四年俘取也費費用也杜預氏云傳言小不事大所以亡 ○夏五月。壬申。公薨。李廉氏曰定公在位十有五年當其初立陪臣執命國事分崩固無足言但陽虎既奔之後三桓益微孔子爲政紀綱麤立正可以有爲之時然竟不能使夫子得遂行其道則魯何賴哉先儒李氏云會于夾谷而致侵田之歸行乎季孫而有墮都之謀雖僅能明禮義之教維門兩觀之作而僭禮莫之敗寶玉大弓之寶而分器莫之保婚于女樂政歸彊參此定公有聖人而不錄用也其言得之矣仲尼曰賜不幸言而中是使賜多言者也子貢言語之士此言而中仲尼恐其易言故抑之中去聲○鄭罕達敗宋師於老丘罕達子驁之子老丘宋地在今河南陳留縣竟宋公子地奔鄭鄭人為之伐宋欲取地以處之事見哀十二年○齊侯衛侯次于蘧挐謀救宋也蘧挐卽渠蒢蘧音渠挐女居反○秋七月壬申姒氏卒不稱夫人不赴且不祔也不赴于同盟不祔于姑闕夫人之禮故不曰夫人○劉敞氏曰左氏不稱夫人之說非也凡夫人卒則史書之不待赴祔而書其夫人也姒氏尚為妾母哀未成君故亦未敢謂其母為夫人爾○葬定公雨不克襄事禮也襄成也雨而成事若汲汲于欲葬者故以不克襄為禮○愚按葬不為雨止禮也雨不克葬無備之甚也詳經意譏臣子緩慢爾何禮之有○葬定姒不稱小君不成喪也公未葬而夫人薨煩于用禮不赴不祔不

以夫人禮喪之故不稱葬我小君

○冬城漆書不時告也。杜預氏云實以秋城冬乃告廟魯知其非時故緩告

春秋左傳註評測義卷之六十四終

春秋左傳註評測義卷之六十五

明吳興後學凌稚隆輯著

哀公一

公名蔣定公子母定姒在位二十七年而孫于越諡法恭仁短折曰哀

【經】丁未周敬王二十六年元年。陳閔公八年杞僖公十二年宋景公二十三年晉定公十八年齊景公五十四年秦惠公七年楚昭王二十一年衛靈公四十一年蔡昭侯二十五年鄭聲公七年吳夫差二年

春王正月。公即位。無傳

○楚子陳侯隨侯許男圍蔡。書圍蔡則圍者之罪自見稱爵國君自將之恒稱 杜預氏云吳之入楚昭王奔隨楚人德之使列於諸侯故得見經定六年鄭滅許此復見者蓋楚封之也

○鼷鼠食郊牛改卜牛。

○夏四月辛巳郊。無傳書過也

○秋齊侯衛侯伐晉。晉爲霸主

而諸侯至於合從以伐之春秋特書以著中國之無霸也○林堯叟氏曰春秋之初諸侯無王者齊鄭宋魯衛爲之也春秋之季諸侯無霸者亦齊鄭宋魯衛爲之也○冬。仲孫何忌帥師伐邾。無傳○高閎氏曰去年邾子來奔喪今踰年而遽伐之蓋魯人利其田不復知有禮義也

【傳】元年春。楚子圍蔡。報柏舉也。里而栽。廣丈高倍。夫屯晝夜九日。如子西之素。蔡人男女以辨。使疆于江汝之間而還。蔡於是乎請遷于吳。楚柏舉之敗在定四年栽者豎木以約版也去蔡城一里築壘周匝以圍之壘厚一丈高二丈丁夫屯聚晝夜不止凡九日而壘成如子西之本計辨別也蔡之男女各別係纍而出降楚欲使蔡遷國於江北汝水之間蔡權許之楚還蔡人復叛楚而就吳杜預氏云爲明年蔡遷州來傳栽音再

○附錄 吳王夫差敗越于夫椒。報檇李也。遂入越。越子以甲楯五千保于會稽。使大

夫種因吳大宰嚭以行成吳子將許之夫椒山在今南直隸無錫縣大湖濵吳檇李之敗在定十四年會稽山在今浙江山陰縣南嚭故楚臣奔吳爲大宰寵幸於夫差故種因之以求成于吳[夫]音扶[檇]音醉[會]音檜[嚭]皮上

○何孟春氏曰方吳之初伐越也歲在牽牛史墨占之以爲越得歲吳伐之必受其咎越人迎擊闔廬殲焉是吳之違天也是以有檇李之辱夫差畜憤蓄於必報人謀定矣越雖得天未可逞也句踐不納范蠡之諫而先事襲之迄用大敗是越之違人也是以有會稽之辱

伍員曰不可臣聞之樹德莫如滋去疾莫如盡昔有過澆殺斟灌以伐斟鄩滅夏后相后緡方娠逃出自竇歸于有仍生少康焉爲仍牧正惎澆能戒之澆使椒求之逃奔有虞爲之庖正以除其害虞思於是妻之以二姚而邑諸綸有田一成有衆一旅能布

其德而兆其謀以收夏衆撫其官職使女艾諜澆使季杼誘豷遂滅過戈復禹之績祀夏配天不失舊物子胥知句踐君臣智勇失此不取後必滅吴因以少康事爲諫滋長也夏之衰寒浞事后羿弑之有其室生澆封於過國斟灌斟鄩夏同姓諸侯今山東壽光縣東舊有灌亭濰縣東有斟亭夏后相啓之孫也失國依之於二斟復爲澆所滅后緡后相之妻有仍國之女娠懷身也竇穴也收正牧官之長惎毒戒備也少康惧澆毒害能戒備之椒澆之臣有虞舜後國今爲河南虞城縣庖正掌膳羞之官賴此得脱澆殺巳之害思虞君名姚虞姓綸虞邑虞君自以二女妻少康而以綸邑處之方十里爲成五百人爲旅兆始也女艾少康臣諜候也季杼少康子后杼也豷澆弟戈豷國舊物故業也〔澆〕五吊反〔鄩〕音尋〔相〕去聲〔惎〕音忌〔豷〕許器反今吴不如過而越大于少康或將豐之不亦難乎句踐能親而務施施不失人親不弃勞與我同壤

而世爲仇讎。於是乎克而弗取。將又存之。違天而長寇讎。後雖悔之。不可食已。姬之衰也。日可俟也。介在蠻夷而長寇讎。以是求伯。必不行矣。豐大也言欲與越成是使越豐大以爲吳患也不失人皆得其人也不弃勞不遺小勞也違天猶言天與不取也長養成也食消也言與之成後雖悔不可消食其成之言也姬吳姓施去聲長上聲伯音霸弗聽。退而告人曰。越十年生聚。而十年教訓。二十年之外。吳其爲沼乎。生聚生民而聚財也富而後教故教訓又在十年之後爲沼言吳宮室廢爲汚池也杜預氏云爲二十二年越入吳起本三月。越及吳平。吳入越不書。吳不告慶。越不告敗也。杜預氏云嫌夷狄不與華同故復發傳○附錄夏四月。齊侯衛侯。救邯鄲。圍五鹿。定十三年趙稷以邯鄲叛范中行氏之黨也五鹿晉邑○附錄吳之入楚也使召陳懷公懷公朝國人而問焉曰欲與楚者右欲與吳者左陳人從田無田從黨吳入楚在定四年召陳使從己陳人不知所與從其田之東西爲左右都邑之人無田者隨黨而立逢滑當公而進曰臣聞國之興也以福其亾也以禍今吳未有福楚未有禍楚未可弃吳未可從而晉盟主也若以晉辭吳若何公曰國勝君亾非禍而何對曰國之有是多矣何必不復小國猶復況大國乎臣聞國之興也視民如傷是其福也其亾也以民爲土芥是其禍也楚雖無德亦不艾殺其民吳日敝於兵暴骨如莽而未見德焉天其或者正訓楚也禍之適吳其何日之

有。逢滑陳大夫當公不左不右也以晉辭吳言以當從晉辭謝吳人也國勝楚國爲吳所勝也有是有此成敗也如傷恐其有驚動也芥草也不艾殺不以民爲土芥也如芥如莽如草生廣野莽莽然言多也訓楚使懼而改過也適往也何日無幾日也〔纂〕逢入陳侯從之。及夫差克越。乃修先君之怨。秋。八月。吳侵陳。修舊怨也。修舊怨怨其召之不從也杜預氏云傳言吳不修德而修怨所以亾○齊侯衛侯會于乾侯。救范氏也。師及齊師。衛孔圉鮮虞人。伐晉。取棘蒲。孔圉孔烝鉏曾孫鮮虞狄也杜預氏云晉師不書非公命也狄帥賤故不書○附錄吳師在陳。楚大夫皆懼曰。闔廬惟能用其民。以敗我於柏舉。今聞其嗣又甚焉。將若之何。楚諸臣懲前事患之嗣謂夫差子西曰。二三子恤不相睦。無患吳矣。昔闔廬食不二味。居不重席。室不崇壇。器不彤鏤。宮室不觀。舟車不飾。衣服財用。擇不取費。在國。天有菑癘。親巡孤寡。而共其乏困。在軍。熟食者分。而後敢食。其所嘗者。卒乘與焉。勤恤其民。而與之勞逸。是以民不罷勞。死知不曠。吾先大夫子常易之。所以敗我也。今聞夫差次有臺榭陂池焉。宿有妃嬙嬪御焉。一日之行。所欲必成。玩好必從。珍異是聚。觀樂是務。視民如讎。而用之日新。夫先自敗也已。安能敗我

子西言夫差與父不同不足爲患恤憂也不崇臺平地作室也彤丹鏤刻也不觀無臺榭也擇不取費言選擇堅厚不靡費也癘疾疫也分猶徧也後後於衆也所嘗謂甘珍之食與焉與下同嘗也與之共之也死知不曠言民知致死不見曠棄也易輕之也三宿以上曰次積土爲高曰臺有木曰榭

郁澤曰陂積水曰池妃嬙貴者嬪御卑者皆內官日新不已也杜預氏云爲二十二年越滅吳起本[形]音同[觀]音貫[菑]音災 ○附録 冬十月晉趙鞅伐朝歌。討范中行氏也

[經] 戊申 二年春王二月季孫斯叔孫州仇仲孫何忌帥師伐邾取漷東田及沂西田。書三卿帥師著三家覆出爲惡也書取罪其不義也書及罪其無厭也[漷]音郭 癸巳叔孫州仇仲孫何忌及邾子盟于句繹。句繹邾地既取其田慮其後悔故盟以要之[句]音鉤 ○夏四月丙子衛侯元卒。○滕子來朝。無傳 ○晉趙鞅帥師納衛世子蒯聵于戚。書納內弗受也稱世子見靈公未嘗廢之也書于戚見蒯聵爲輙所拒不得入於衛也戚本衛邑今屬於晉 ○秋八月甲戌晉趙鞅帥師及鄭罕達帥師戰于鐵。鄭師敗績。鐵在戚城南今北直隸開州有鐵丘罕達子皮孫 ○冬

十月葬衛靈公（無傳）○十有一月蔡遷于州來（畏楚而請遷故以自遷爲文）○蔡殺其大夫公子駟（稱國言君與大夫擅殺之也書名罪其欺大國也）

【傳】二年春伐邾將伐絞邾人愛其土故賂以漷沂之田而受盟（絞邾邑漷沂漷水以東沂水以西）○初衛侯遊于郊子南僕公曰余無子將立女不對他日又謂之對曰郢不足以辱社稷君其改圖君夫人在堂三揖在下君命祇辱（子南靈公子郢也僕御也蒯聵出奔無大子故云無子卿大夫士皆君所揖禮故云三揖祇猶適也蓋謂立適當以禮與內外同之君乃私命必不從適足爲辱耳【女】音汝【祇】音支）夏衛靈公卒夫人曰命公子郢爲大子君命也對曰郢異於他

子且君没於吾手若有之郢必聞之且亾人之子輒在乃立輒（言郢之用意與諸子不同且君没時郢在左右未嘗聞有此言當以臨没爲正也亾人謂蒯聵輒即出公靈公適孫也(大)音泰）六月乙酉晉趙鞅納衛大子于戚宵迷陽虎曰右河而南必至焉使大子絻八人衰經僞自衛逆者告于門哭而入遂居之（衛大子即蒯聵是時晉軍巳渡河師人皆夜行迷不知戚處陽虎憶其渡處在戚之北故欲出河右而南行必至于戚使聵服始發衰之服八人衰經詐稱自衛來逆大子者遂居于戚絻音問(衰)音催○愚按公穀謂輒弗受父以尊王父命也而左氏則謂夫人遵遺命立郢郢辭乃立輒夫使輒而誠受靈公命令不得納父亦宜委於所可立使不失社稷而身從父焉如程子所論迺可爾況靈公未嘗命輒而輒之立不過以國人故則宜速逆父還而奉以位如高閌氏所論此天理人倫之極至柰之何他人納其父而反拒之故春秋再書聵曰世子

世子正也屬詞比事則輙罪萬世不可掩矣異哉公穀之言不可以訓也○秋八月齊人輸范氏粟鄭子姚子般送之士吉射逆之齊輸粟於范中行鄭以師送之子姚即罕達子般即駟弘趙鞅禦之遇於戚陽虎曰吾車少以兵車之旆與罕駟兵車先陳罕駟自後隨而從之彼見吾貌必有懼心於是乎會之必大敗之從之趙鞅恐二氏得粟而強故禦之旆先驅車也陽虎先奔趙氏欲設旆於軍前盛爲軍容與子姚子般兵車在前者相對彼自後望之不知虛實必懼因其懼而會戰必大敗之〔般〕音班〔射〕音亦〔陳〕音陣○姜寶氏曰趙鞅此師即納蒯聵之師也遇鄭師于鐵知其助范中行而來故邀擊而敗之卜戰龜焦樂丁曰詩曰爰始爰謀爰契我龜謀協以故兆詢可也龜焦不成兆也樂丁晉大夫詩大雅緜篇言始謀其事與我龜卜相契今先人事後卜筮也故兆謂趙簡子始

納衛大子卜得吉兆詢咨詢也言今既謀同不須更卜但以故兆咨詢于衆可也簡子誓曰范氏中行氏反易天明斬艾百姓欲擅晉國而滅其君寡君恃鄭而保焉今鄭為不道弃君助臣二三子順天明從君命經德義除詬恥在此行也克敵者上大夫受縣下大夫受郡士田十萬庶人工商遂人臣隸圉免志父無罪君實圖之若其有罪絞縊以戮桐棺三寸不設屬辟素車樸馬無入于兆下卿之罰也天明天之明德也經德義經營其助順之德義使不壞也縣百里之地郡五十里十萬畝數也方里為田九百畝士田十萬為方十里有餘遂得遂仕進也免免廝役也志父趙鞅別名圖之圖其賞也絞用以縊者棺用難朽之木今用桐棺三寸欲易朽也王棺四重上公三重侯伯以下再重大夫一重屬次大棺也

辟親身棺也屬在大棺之內辟又在屬之內大夫有屬無辟鞅所言據時僭也素車不以翣柳飾車也樸馬不髮𩮹落也皆以載柩者兆先人之兆域也杜預氏云爲衆設賞自設罰所以能克敵〔詬〕音后〔父〕音甫〔屬〕音燭〔辟〕音壁

甲戌將戰郵無恤御簡子衛大子爲右登鐵上望見鄭師衆大子懼自投于車下子良授大子綏而乘之曰婦人也簡子巡列曰畢萬匹夫也七戰皆獲有馬百乘死于牖下羣子勉之死不在寇郵無恤王良也大子蒯聵也前納于戚故爲右鐵上丘名子良卽無恤綏上車索也曰婦人譏其怯也巡列巡行列也畢萬晉獻公卿匹夫獨一人也萬從獻公七戰皆有功爲百乘之卿得以令終死不在寇言死生有命不專在於寇也

繁羽御趙羅宋勇爲右羅無勇麇之吏詰之御對曰痁作而伏繁羽趙羅宋勇皆晉大夫麇束縛也詰問其故也痁瘧疾也羅無勇

北言痁作而伏故束縛之〔麇〕丘隕反〔痁〕詩占反衛太子禱曰曾孫蒯聵敢昭告皇祖文王烈祖康叔文祖襄公鄭勝亂從晉午在難不能治亂使鞅討之蒯聵不敢自佚備持矛焉敢告無絕筋無折骨無面傷以集大事無作三祖羞大命不敢請佩玉不敢愛皇大也文王周文王烈顯也康叔始受封故云顯祖襄公繼業守文故云文祖勝鄭聲公名亂從言君助臣從子亂也午晉定公名佚安也大子爲車右主擊刺故云備持矛集成作爲也言但請無兵傷以成大功無爲三祖之辱爾大命亦生之命佩玉祀神之玉不敢請不敢愛皆以歸福於神也〔難〕去聲鄭人擊簡子中肩斃於車中獲其蠭旗大子救之以戈鄭師北獲溫大夫趙羅大子復伐之鄭師大敗獲齊粟千車趙孟喜曰可矣傅傁曰

雖克鄭猶有知在憂未艾也斃踣也蠭旗旗名大子爲車右故以戈救簡子羅無勇故鄭師雖北猶獲羅鄭爲齊送粟故獲齊粟趙孟卽簡子喜喜二氏失援絶糧而垂破也一曰喜大子先怯後勇傳傁趙氏屬大夫言知氏必復爲難不特二氏後竟有晉陽之患〔中〕去聲〔蠭〕音蜂〔傁〕音叟

初周人與范氏田公孫尨稅焉趙氏得而獻之吏請殺之趙孟曰爲其主也何罪止而與之田及鐵之戰以徒五百人宵攻鄭師取蠭旗于子姚之幕下獻曰請報主德追鄭師姚般公孫林殿而射前列多死趙孟曰國無小尨范氏臣爲范氏收田之稅趙氏得尨以獻簡子旣不殺又還其稅故尨立奇功以報簡子與田之德姚卽子姚般卽子般公孫林皆鄭大夫殿鄭師而射晉師晉之前行多死者趙孟不敢小鄭而稱之〔爲〕〔中〕聲〔殿〕顚去聲〔射〕音石

旣戰簡子曰吾伏弢嘔血鼓

音不衰今日我上也大子曰吾救主於車退敵於下。我右之上也郵良曰我兩靷將絕吾能止之我御之上也駕而乘材兩靷皆絕弢弓衣中傷時伏弓衣而吐血也上上功也郵良即王良靷馬鞅引軸之皮止之使不絕也乘載也材橫木明細小也於是駕車而載細小之橫木使簡子觀之兩靷果皆斷絕以明止使不絕之功朱申氏云○傳言簡子矜功不讓故其下亦皆自伐〔弢〕音叨

吳洩庸如蔡納聘而稍納師師畢入衆知之蔡侯告大夫殺公子駟以說吳而遷墓冬蔡遷于州來。洩庸吳大夫元年蔡雖請遷于吳而中悔故吳因聘襲之殺駟以解說于吳言駟不欲遷也

〔經〕己酉三年衛出公元年春齊國夏衛石曼姑帥師圍戚○張洽氏曰晉以君臣稱兵而齊爲臣伐君衛以父子爭國而齊助子圍父以是令于諸侯君子是以知齊之

不霸而將自亂也○夏四月甲午地震無傳○五月辛卯桓宮僖宮災天火曰災○季孫斯叔孫州仇帥師城啓陽無傳魯黨范氏比年四城啓陽皆懼晉也○宋樂髡帥師伐曹無傳髡苦孫反○秋七月丙子季孫斯卒○蔡人放其大夫公孫獵于吳無傳公子駟之黨○冬十月癸卯秦伯卒無傳○叔孫州仇仲孫何忌帥師圍邾無傳

【傳】三年春齊衛圍戚求援于中山中山即鮮虞○夏五月辛卯司鐸火火踰公宮桓僖災救火者皆曰顧府司鐸宮名桓僖謂二公之廟府府庫也南宮敬叔至命周人出御書俟于宮曰庀女而不在死敬叔即南宮閱孔子弟子也周人司周書典籍之官御書常所

進御於君之書使待命于公宮庀具也言具汝所職而有不在者罪汝（庀）音彼子服景伯至命宰人出禮書以待命命不共有常刑校人乘馬巾車脂轄百官官備府庫慎守官人肅給濟濡帷幕鬱攸從之蒙葺公屋自大廟始外內以悛助所不給有不用命則有常刑無赦景伯郎子服何宰人冢宰之屬使之出禮書以待討求之命校人掌馬者乘駕也巾車掌車者脂轄以脂膏轄也備車馬爲搬移物計也官備各居其職慎守各守其事官人居官之人肅戒也給供給也濟濡帷幕者濡帷幕於水中出而用之爲濟也鬱攸火氣也從之從火氣而爲備也蒙冢冒葺覆也以濡物冒覆公家之室悛次也外內各以次序力所不足者則助之（共）音供（乘）如字公父文伯至命校人駕乘車乘車公車也駕之以備緩急（乘）去聲

季桓子至御公立于象魏之外命救火者傷人則止

財可爲也。命藏象魏。曰。舊章不可亾也。象魏門闕也止勿救也火勢傷人則止勿救不欲重財而輕人也周禮正月縣教令之書于象魏使萬民觀之故謂其書爲象魏命有司藏之。○李廉氏曰左氏載此年救火之事如敬叔命圉人出御書景伯命宰人出禮書桓子命藏象魏此亦見魯爲儒者之國富父槐至。曰。無備而官辦者。猶拾瀋也。槐富父終生之後瀋汁也言素無備而欲責辦於官猶弃汁於地而欲拾之終不可得也於是乎去表之稾。道還公宮。表表火道風所向者去其稾積還遶猶環褭也開除道環褭公宮使火不得相連瀋沉上稾古老反還音環孔子在陳。聞火。曰。其桓僖乎。杜預氏云言桓僖親盡而廟不毀宜爲天所災。○季本氏曰桓僖祧久矣而不祧三家之意也三家尊桓而德僖宜毀而不毀而天譴以災非譴桓僖也譴三家也。○陸粲氏曰天災流行何常之有雖孔子之聖惡從知其桓僖矣以爲親盡不毀而當得譴者則前此武宮煬宮之立其爲失禮尤甚而災不及何歟蓋當時里巷細人所傳訛而左氏信之○附録劉氏范氏世爲婚姻萇弘事劉文公故周與范氏趙鞅以爲討六月癸卯周人殺萇弘劉氏周卿士范氏晉大夫萇弘劉氏屬大夫鞅討周責其與范氏也○秋季孫有疾命正常曰無死南孺子之子男也則以告而立之女也則肥也可正常桓子寵臣桓子欲付以後事故勑令勿從已死南孺子季桓子之妻子謂所娠之子肥桓子庶長子即康子季孫卒康子即位既葬康子在朝南氏生男正常載以如朝告曰夫子有遺言命其圉臣曰南氏生男則以告於君與大夫而立之今生矣男也敢告遂奔衛康子請退公使共劉視之則或殺之矣乃討之召正常正常不反圉臣正常自稱退避位也共劉魯大夫殺之康

子使殺之也討治也正常不反畏康子也○愚按所貴乎托孤云者以能立之焉爾正常既載孤以告乃不敢以死力爭而遂奔衛者何居知康子之力能奪嫡而憂南氏之子不全也然則何取於姑爲此告以塞責哉適趣之死矣○附錄冬十月晉趙鞅圍朝歌師于其南荀寅伐其郛使其徒自北門入已犯師而出癸丑奔邯鄲十一月趙鞅殺士皐夷惡范氏也朝歌范中行氏所在荀寅即中行氏趙氏圍朝歌之南城荀寅不能守自內伐其南郛之圍以誤趙師使備南乃命自外來救已者自北門入已乃與此徒犯北門之圍出奔邯鄲與趙稷合士皐夷即范皐夷惡范氏而殺其族言遷怒也

【經】庚戌四年秦悼公元年春王二月庚戌盜殺蔡侯申○稱盜賤者不言弒其君賤盜也○蔡公孫辰出奔吳○辰弒君之黨故書名林堯叟氏曰書公薨夫人姜氏孫于邾公子慶父出奔莒則夫人慶父與聞乎弒矣書盜殺蔡侯申蔡公孫辰出奔吳則辰

與聞乎弒矣○葬秦惠公。無傳○宋人執小邾子。無傳稱人以執非伯討也不稱名無罪也○夏蔡殺其大夫公孫姓公孫霍。蔡侯討弒父之賊而以姓霍爲同謀也故殺之然姓霍皆國卿罪狀未明遽殺之故不去其大夫姓音生○晉人執戎蠻子赤歸于楚。赤蠻子名無罪見執亦書名外之也家鉉氏云執人而歸之夷狄是以事京師者而事夷狄晉之罪大矣故書人以貶之○城西郛。無傳備晉也○六月辛丑亳社災。無傳亳社殷社也○秋八月甲寅滕子結卒。無傳○冬十有二月葬蔡昭公。無傳○葬滕頃公。無傳

【傳】四年春蔡昭侯將如吳諸大夫恐其又遷也承公孫翩逐而射之入于家人而卒以兩矢門之衆莫敢進文之鍇後至曰如牆而進多而殺二人鍇執弓而

先翩射之中肘錯遂殺之故逐公孫辰而殺公孫姓公孫吁杜註承爲懲謂懲創往年之遷劉註承爲繼謂恐其又遷相承繼皆非也胡氏以爲衍文者得之翩蔡大夫家人凡人之家門之守其門也錯亦蔡大夫言使衆人並行如牆而進翩雖有兩矢多則殺二人爾中肘中錯之肘肝卽霍也〔吁〕音吁〔錯〕音皆〔中〕去聲○夏楚人既克夷虎乃謀北方左司馬眅申公壽餘葉公諸梁致蔡于負函致方城之外于繒關曰吳將泝江入郢將奔命焉爲一昔之期襲梁及霍單浮餘圍蠻氏蠻氏潰蠻子赤奔晉陰地夷虎夷狄叛楚者謀北方既定其內而圖外也眅壽餘諸梁皆楚大夫負函繒關皆楚地逆流曰泝一昔一夜也梁霍蠻三邑今河南汝州竟有廢梁縣有霍山三大夫以蔡之遺民致之于負函又以方城之衆致之于繒關僞言吳將泝江入郢故致此蔡與方城之衆將奔命焉於是夜約

其期明日更襲梁霍出其不意也浮餘楚大夫(敢)攀上剸音攝司馬起豐析與狄戎以臨上雒左師軍于菟和右師軍于倉野使謂陰地之命大夫士蔑曰晉楚有盟好惡同之若將不廢寡君之願也不然將通于少習以聽命士蔑請諸趙孟趙孟曰晉國未寧安能惡于楚必速與之士蔑乃致九州之戎將裂田以與蠻子而城之且將為之卜蠻子聽卜遂執之與其五大夫以畀楚師于三戶司馬致邑立宗焉以誘其遺民而盡俘以歸司馬卽眅也起發也豐析楚二邑析今河南內鄉縣舊有豐鄉眅發二邑之兵與戎狄之衆以臨上雒而分軍為二菟和上雒東山倉野上雒之野命大夫楚特命大夫使監陰地者少習武關在今陝西商縣東言將大開武關之道以伐

晉時晉有范中行之難故云未寧速與之速執蠻子以與之也九州戎在晉陰地陸渾者士蔑乃詐云致九州之戎將裂田築城以與戎蠻子且詐爲卜築城而執之又執其五大夫以與楚三戶楚地今內鄉縣有三戶城楚復詐爲蠻子作邑立其宗主以誘致其遺民而盡執之歸楚爲去聲○附録

秋七月齊陳乞弦施衛寗跪救范氏庚午圍五鹿九月趙鞅圍邯鄲冬十一月邯鄲降荀寅奔鮮虞趙稷奔臨十二月弦施逆之遂墮臨國夏伐晉取邢任欒鄗逆時陰人盂壺口會鮮虞納荀寅于柏人陳乞弦施皆齊大夫寗跪衛大夫五鹿臨皆晉邑稷初奔臨不能守弦施逆之歸齊以臨隂固遂毀之邢以下八邑皆晉地欒今爲北直隷欒城縣鄗今柏鄉縣壺口今山西壺縣會鮮虞弦施與鮮虞會也柏人晉邑今北直隷唐山縣有柏人城鄗音墊畤音止

經辛亥五年蔡成侯元年春城毗無傳備晉也○夏齊侯伐宋無傳

○晉趙鞅帥師伐衛○秋九月癸酉齊侯杵臼卒○

冬叔還如齊使卿弔且會葬也○閏月葬齊景公無傳

傳五年春晉圍柏人荀寅士吉射奔齊初范氏之臣王生惡張柳朔言諸昭子使爲柏人昭子曰夫非而讐乎對曰私讐不及公好不廢過惡不去善義之經也臣敢違之及范氏出張柳朔謂其子爾從主勉之我將止死王生授我矣吾不可以僭之遂死於柏人

柳朔亦范氏家臣昭子即吉射爲柏人爲之宰也夫謂柳朔而汝也公公家之事出謂出柏人奔齊也主謂昭子授我授以死節也僭不信也柳朔爲吉射距晉戰死(好)(惡)俱去聲○愚按王生之舉讐柳朔之死

若皆不負其心而兩合于義者

夏趙鞅伐衛。范氏之故也。遂圍中牟。衛黨范氏故伐之○家鉉翁曰蒯聵以父伐子晉趙鞅爲之伐衛君私于蒯聵必求其入亦非春秋所許也況實以范氏之故而以納蒯聵爲名乎

○齊燕姬生子。不成而死。諸子鬻姒之子荼嬖。諸大夫恐其爲大子也。言於公曰。君之齒長矣。未有大子。若之何。公曰。二三子閒於憂虞。則有疾疢。亦姑謀樂。何憂於無君。燕姬燕國女姬姓景公夫人不成未冠也諸子內官之號鬻族姒姓景公妾荼安孺子也未有大子未有適子可立爲大子也諸臣以荼庶孽立之有患故云閒閒暇也姑且也公言諸大夫當國家閒暇而無憂虞則恐有疾疢且及時謀樂何憂無君蓋景公意欲立荼而難發故設言以塞大夫之請〔鬻〕音育〔荼〕音徒〔長〕上聲

公疾。使國惠子高昭子立荼。寘羣公子於萊。秋。齊景公卒。冬。十月。

公子嘉公子駒公子黚奔衛公子鉏公子陽生來奔萊人歌之曰景公死乎不與埋三軍之事乎不與謀師乎師乎何黨之乎惠子國夏也昭子高張也萊齊東鄙邑嘉駒黚鉏陽生皆景公子在萊者萊人哀其失所而爲之歌師衆黨所之往也言衆公子出奔何所往也與〈音預〉○張洽氏曰景公在位五十八年前有晏嬰後有孔子而卒不能用及大臣以未有大子咎之反使之謀欒卒致死肉未寒子弒國亂曾未十年陳恒弒簡公而移其社稷真范祖禹所謂治愈久而政愈弊年彌進而德彌退者

○附録　鄭駟秦富而侈嬖大夫也而常陳卿之車服於其庭鄭人惡而殺之子思曰詩曰不解于位民之攸暨不守其位而能久者鮮矣商頌曰不僭不濫不敢怠皇命以多福秦本下大夫而列卿車服僭也子思子產子國秦也詩大雅假樂篇攸所

暨息也言不敢懈怠于其位民之所以得安息也商頌詩殷武篇僭差濫淫皇暇也言賞不僭差罰不淫濫不敢怠惰暇逸故能膺天命以受多福傳言駟秦違此二詩所以受禍〖惡〗去聲〖解〗音懈〖暨〗許器反

春秋左傳註評測義卷之六十五 終

春秋左傳註評測義卷之六十六

明吳興後學凌稚隆輯著

哀公二

【經】壬子六年。齊孺子荼元年春。城邾瑕。無傳備晉也○晉趙鞅帥師伐鮮虞。○吳伐陳。○夏齊國夏及高張來奔。○叔還會吳于柤。無傳叔還以吳在柤故往會之始結吳好也○秋七月庚寅楚子軫卒。○齊陽生入于齊。齊陽生書法與齊小白同○齊陳乞弒其君荼。陽生入齊而陳乞弒則是陽生與聞乎弒也然加陽生以弒君之罪則乞廢立之迹不明書陽生之入而陳乞弒君則乞之惡著而陽生與有罪焉○冬仲孫何忌帥師伐邾。無傳○宋向巢帥師伐曹。無傳傳六年春晉伐鮮虞治范氏之亂也。四年鮮虞納荀寅於柏人故治其亂○吳伐陳復修舊怨也。元年吳侵陳未得志故復伐陳楚子曰吾先君與陳有盟不可以不救乃救陳師于城父。楚平王與陳蔡盟在昭十二年○齊陳乞僞事高國者每朝必驂乘焉所從必言諸大夫曰彼皆偃蹇將弃子之命皆曰高國得君必偪我盍去諸固將謀子子早圖之圖之莫如盡滅之需事之下也及朝則曰彼虎狼也見我在子之側殺我無日矣請就之位。高張國夏受命立荼陳乞欲害之故先僞事高國言言其罪過彼謂諸大夫偃蹇驕敖也子謂國高皆曰三句詐爲大夫之言偪害也固安固也乞又自言若不去諸大夫而使之安固將謀害子不如早圖而盡滅之待其先發則事之下也就位謂從諸大夫之位欲與共謀高國也 又謂諸大夫曰二子者禍矣恃得君而欲謀二三子曰國之多難貴寵之由盡去之而後君定既成謀矣盍及其未作也先諸作而後悔亦無及也大夫從之二子謂高國曰以下三句陳乞許爲高國之言難去聲 夏六月戊辰陳乞鮑牧及諸大夫以甲入于公宮昭子聞之與惠子乘如公戰于莊敗國人追之國夏奔莒遂及高張晏圉弦施來奔牧鮑國之孫莊六軌道也敗高國敗也圉晏嬰之子經不書圉施非卿也○張洽氏曰陳乞將立陽生及先逐國高國高奔而後陳乞弑君之謀得肆矣○秋七月楚子在城父將救陳卜戰不吉卜退不吉王曰然則死也再敗楚師不如死弃盟逃讎亦不如死死一也

其死讎乎。王言前已敗于柏舉今復退師是再敗也故云不如死弃盟謂弃先君好陳之盟逃讎謂逃吳人累世之讎命公子申爲王。不可。則命公子結。亦不可。則命公子啓。五辭而後許。將戰。王有疾。庚寅。昭王攻大冥。卒于城父。子閭退曰。君王舍其子而讓羣臣。敢忘君乎。從君之命。順也。立君之子。亦順也。二順不可失也。與子西子期謀。潛師閉塗。逆越女之子章立之而後還。申子西也結子期也啓子閭也皆昭王兄大冥陳地吳師所在二順謂前許立君爲順命今立君子爲順分潛師密發也閉塗不通外使也越女昭王妾章卽惠王○李廉氏曰左氏載楚昭有死讎之志及其命公子爲王與不肯移禍於令尹司馬足見昭王之賢又載子西子期子閭之讓國不立亦足見三子之賢故楚不終衰是歲也。有雲如衆赤鳥。夾日以飛。

三日。楚子使問諸周大史。周大史曰。其當王身乎。若禜之。可移於令尹司馬。王曰。除腹心之疾。而寘諸股肱。何益。不穀不有大過。天其夭諸。有罪受罰。又焉移之。遂弗禜。日爲君象有妖氣守之故以爲當王身雲在楚上惟楚見之故禍不及他國禜禳除之祭腹心昭王自謂股肱以諭令尹司馬不穀諸侯謙辭言我若無大過失天必不令其夭折以灾我若因有罪而受夭折之罰又豈得移置其臣（大）音秦（禜）音詠初昭王有疾。卜曰。河爲祟。王弗祭。大夫請祭諸郊。王曰。三代命祀。祭不越望。江漢雎漳。楚之望也。禍福之至。不是過也。不穀雖不德。河非所獲罪也。遂弗祭。請祭諸郊請于郊外設河神之位而祭之諸侯望祀竟內山川星辰故不越望江今在湖廣荊州府城南漢今在荊門州東雎漳俱在今當陽縣北皆楚四水名孔子曰楚昭王知大道矣其不失國也宜哉夏書曰惟彼陶唐帥彼天常有此冀方今失其行亂其紀綱乃滅而亡又曰允出茲在茲由己率常可矣夏書五子之歌言唐虞及夏皆都冀州乃于此滅亡由不知天變之常也引之以明楚昭不祀河又書大禹謨篇允信茲此也言信在此則福亦在此引之以明楚昭王不移于令尹司馬由己率常一句乃孔子論楚昭以合書言人能信由己出以率天常則可以不亡矣○李廉氏曰此足以證諸侯不當三望之事○附錄

八月齊邴意茲來奔意茲高國之黨故奔○陳僖子使召公子陽生陽生駕而見南郭且于曰嘗獻馬於季孫不入於上乘故又獻此請與子乘之出萊門而告之故闞止知之先待諸外公子曰事未可知反與壬也處戒

之遂行逮夜至于齊國人知之僖子使子士之母養之與饋者皆入陽生悼公名且于齊公子鉏也前年與陽生同居魯南郭故以爲稱陽生既得陳僖子之召欲與且于謀恐家人聞之故二人共載以試馬爲辭萊門魯郭門闞止即子我陽生家臣待外欲與俱去也壬陽生子後爲簡公使闞止歸與其子于共處戒使勿洩言遂與鉏行夜至齊恐人知也國人知而不言陳氏得衆故也子士僖子之子其母僖子妾也陽生隱于僖子之家故使養之令隨饋食者偕入公宮且子餘反闞音瞰冬十月丁卯立之將盟鮑子醉而往其臣差車鮑點曰此誰之命也陳子曰受命于鮑子遂誣鮑子曰子之命也鮑子曰女忘君之爲孺子牛而折其齒乎而背之也悼公稽首曰吾子奉義而行者也若我可不必亾一大夫若我不可不必亾一

公子。義則進。否則退。敢不唯子是從。廢興無以亂。則所願也。鮑子曰誰。非君之子。乃受盟。盟盟諸大夫鮑子卽鮑牧鮑點牧臣也差車主車之官僖子見鮑子醉故誣以爲鮑子之命君謂景公孺子荼也景公嘗齧繩爲牛使孺子牽之以爲戲孺子頓地遂折景公之齒言此見景公愛孺子之深大夫謂鮑子公子陽生自謂言若已可立爲君不必然安而殺之若已不可爲君安亦不必害我我廢我興皆勿用作亂也陽生恐鮑子殺已故要之如此〔差〕所宜反〔女〕音汝使胡姬以安孺子如賴。去鬻姒。殺王甲。拘江說。囚王豹于句竇之丘。胡姬景公妾安孺子之號賴齊邑鬻姒孺子母王甲江說王豹皆景公嬖臣孺子黨也句竇齊地〔說〕音悅〔句〕音鉤公使朱毛告於陳子曰。微子則不及此。然君異於器。不可以二。器二不匱。君二多難。敢布諸大夫。僖子不對而泣曰。君舉不信羣臣乎以齊國之困困又有憂少君不可以訪是以求長君庶亦能容羣臣乎不然夫孺子何罪毛復命公悔之朱毛齊大夫公言國之置君與置器不同不可有二置器有二則更迭為用不至于匱乏若有二君則彼此嫌疑多致禍難時悼公忌荼恐僖子復立荼而廢已欲使除之舉皆也不信言見疑也困謂饑荒憂謂兵革庶庶幾也容相容也公自知失言故悔之〔難〕去聲〔長〕上聲毛曰君大訪於陳子而圖其小可也使毛遷孺子於駘不至殺諸野幕之下葬諸殳冒淳大謂國政訪詢問也小謂荼圖圖殺之也駘齊邑毛將殺荼于駘未至駘恐駘人不從故駐于野張幕而殺之殳冒淳齊地杜預氏云實以冬殺經書秋者史書秋記始事遂連其然適以冬告魯〔殳〕音殊

〔經〕癸丑七年齊悼公元年楚惠王元年春宋皇瑗師師侵鄭○晉魏

曼多帥師侵衛。曼音萬○夏，公會吳于鄫。舊鄫國。○張洽氏曰：此年書會吳，所以著哀公之失謀于始而遺患于後也。○秋，公伐邾。八月己酉，入邾，以邾子益來。魯以邾子益來而不書滅，以明年吳復伐魯，魯復邾子故也。蓋何以名賤之也。○宋人圍曹。○冬，鄭駟弘帥師救曹。書救與鄭也。

傳七年春，宋師侵鄭，鄭叛晉故也。定八年鄭始叛。○黃震氏曰：齊景既沒，宋景意圖霸，故既伐曹而又侵鄭，報罕達之師，且求諸侯也。○晉師侵衛，衛不服也。五年晉伐衛，至今未服。○夏，公會吳于鄫。吳來徵百牢。子服景伯對曰：「先王未之有也。」吳人曰：「宋百牢我，魯不可以後宋。且魯牢晉大夫過十，吳王百牢，不亦可乎？」景伯曰：「晉范鞅貪而棄禮，以大國懼敝邑，故敝邑十一牢之君若以禮命於諸侯則有數矣若亦弃禮則有淫者矣周之王也制禮上物不過十二以爲天之大數也今弃周禮而曰必百牢亦唯執事吳人弗聽景伯曰吳將亾矣弃天而背本不與必弃疾於我乃與之鄫故國吳欲霸中國故會鄫晉大夫謂范鞅昭二十一年聘魯魯享以十一牢君謂吳王數常數也周禮大行人上公九牢侯伯七牢子男五牢遥過于常數如士鞅之亨十一牢也上物天子之牢天有十二次故制禮象之冕旂玉路樊纓之類皆以十二爲至牢數亦如之弃天謂弃其數背本謂廢周禮弃放弃疾疾惡言必伐我也大宰嚭召季康子康子使子貢辭大宰嚭曰國君道長而大夫不出門此何禮也對曰豈以爲禮畏大國也大國不以禮命於諸侯苟不以禮豈

可量也。寡君既共命焉。其老豈敢弃其國。大伯端委以治周禮。仲雍嗣之。斷髮文身。臝以爲飾。豈禮也哉。有由然也。道長長大於道路也子貢言畏大國故君親行不以禮命如索百牢之謂豈可量恐其包藏禍心也共命謂來會大夫稱老不弃其國不敢虛國盡行也大伯周大王之子端玄端之衣委委貌之冠大伯端委衣冠以治周之禮及其弟仲雍嗣位遂從其俗斷髮文身露體以爲飾豈以是爲禮哉權時之宜以避害有由而然也葢子貢不堪吳責故卽以吳之先亦無禮者許之〔大〕音泰〔長〕上聲〔共〕音恭〔臝〕羅上

反自鄫。以吳爲無能爲也。以吳弃禮知其不能霸也○季康子欲伐邾。乃饗大夫以謀之。子服景伯曰。小所以事大信也。大所以保小仁也。背大國不信。伐小國不仁。民保于城。城保于德。失二德者危。將焉保。孟孫曰。二

三子以爲何如惡賢而逆之。背大國謂令夏與吳盟而背之伐小國謂欲伐邾二德仁信也惡猶安也逆不順也孟孫賢景伯而怪諸大夫不言故指而問之言安有賢如景伯而可不順其言者惡如字對曰。禹合諸侯於塗山執玉帛者萬國。今其存者無數十焉唯大不字小小不事大也。知必危何故不言。魯德如邾。而以衆加之可乎。不樂而出。對諸大夫對也大國執玉小國執帛言夏時諸侯以萬計惟大小相攻伐故胥以亾今背盟伐邾既不恤小又不事大固知必危寧得不言但恐言之不聽耳且魯德無以勝邾而但欲恃多兵以伐之必不可也蓋諸大夫皆以伐邾有吳患不能回季孫之意故不樂舊注以禹合諸侯一段謂諸大夫阿附季孫意以爲伐邾不危而以魯德三句爲孟孫忿諸大夫而答之強爲之分恐非其解 秋。伐邾及范門。猶聞鐘聲。大夫諫不聽。茅成子請告於吳不許曰魯擊柝聞于邾。吳二千里。不三月不至。何及於我。且國内豈不足。成子以茅叛。師遂入邾。處其公宮。衆師晝掠。邾衆保于繹。師宵掠。以邾子益來。獻于亳社。囚諸負瑕。負瑕故有繹。范門邾郭門聞鐘聲言不知備禦也大夫邾大夫成子即茅夷鴻茅其食邑今山東嶧陽縣有茅鄉亭亦諸大夫請告求救也柝兩木相擊以行夜相聞言其近也足足距魯也成子知邾必亡故先以邑叛繹山名益邾子名獻于亳社見其亡國與殷同也負瑕魯邑先魯得邾之繹民在負瑕故因以辱之 邾茅夷鴻以束帛乘韋自請救於吳曰。魯弱晉而遠吳。馮恃其衆。而背君之盟。辟君之執事。以陵我小國。邾非敢自愛也。懼君威之不立。君威之不立。小國之憂也。若夏盟于鄫衍。秋而背之。成求而不違四方諸侯。其何以事君。且曾賦八百乘。君之貳也。邾賦六百乘。君之私也。以私奉貳。唯君圖之。吳子從之。十端爲束韋熟段也四數曰乘無君命故云自請救馮依辟陋也鄫衍即鄫也咸求不違言魯成其所求無違逆也貳敵也魯以八百乘之賦貢于吳言其國大與吳相敵私私屬也傳言季子雖謝于衆以示同實不用其議所以終敗爲明年吳伐我傳(乘)去聲(馮)音憑(辟)音辟 ○宋人圍曹。鄭桓子思曰。宋人有曹。鄭之患也。不可以不救。冬。鄭師救曹。侵宋。子思子産之子國詹也謚桓 初曹人或夢衆君子立于社宮。而謀亾曹。曹叔振鐸請待公孫彊。許之。旦而求之曹。無之。戒其子曰。我死。爾聞公孫彊爲政。必去之。及曹伯陽即位。好田弋。曹鄙人公孫彊好弋。獲白鴈獻之。且言田弋之說。說之。因訪政事。大說之。有寵。使爲司城以聽政。夢者之子乃行。彊言霸說於曹伯。曹伯從之。乃背晉而奸宋。宋人伐之。晉人不救。築五邑於其郊。曰黍丘。揖丘。大城。鐘。邗。衆君子多人也振鐸曹始祖求之曹求公孫彊于曹也鄙人邊鄙之人霸說求霸之說奸犯也築曹築之林堯叟氏云爲明年宋人入曹傳（好）去聲（之）說如字（說）之音悅（邗）音于

（經）甲寅八年春王正月。宋公入曹。以曹伯陽歸。姜寶氏云經不書滅書殺恐實未嘗滅未嘗殺也○吳伐我。汪克寬氏云前此書侵伐必言四鄙見魯之國都猶足爲守也至是吳兵直抵魯之城下則魯之四竟藩屛蕩然而國不足爲國矣書伐我者若曰我能入邾吳亦能爲邾而伐我有反己自咎之意焉○夏齊人取讙及闡。齊兵未加而魯

與之邑故不書伐讙闡在今山東定陶縣界○歸邾子益于邾。○秋，七月。○冬，十有二月，癸亥，杞伯過卒。無傳○齊人歸讙及闡。書歸善魯能悔過歸之

傳八年春，宋公伐曹，將還，褚師子肥殿，曹人詬之，不行，師待之。公聞之，怒，命反之，遂滅曹，執曹伯及司城彊以歸，殺之。子肥宋大夫詬詈辱也不行殿兵止也師曹師傳終前年曹人之夢殿顛去詬音后○吳爲邾故，將伐魯，問於叔孫輒。叔孫輒對曰：「魯有名而無情，伐之，必得志焉。」退而告公山不狃。公山不狃曰：「非禮也。君子違，不適讎國。未臣而有伐之，奔命焉，死之可也。所託也則隱。且夫人之行也，不以所

惡廢鄉。今子以小惡而欲覆宗國。不亦難乎。若使子
率。子必辭。王將使我。子張病之。爲邾故謂爲茅夷鴻乞師之故定十二年魯叔孫輒與公山不狃奔齊後自齊奔吳故吳王問伐魯之可否有名有大國之名無情無實也不狃言君子違去其鄉不適仇敵之國未臣所適而有伐本國者則奔命以救之亦于其難可也所魯因託者則爲之隱諱又不可以私惡廢弃鄉黨之好輒魯公族故謂宗國率謂引導者子張即輒爲惡俱去聲
王問於子洩。對曰。魯雖無與立。必有與斃。諸侯將救
之。未可以得志焉。晉與齊楚輔之。是四讎也。夫魯齊
晉之脣。脣亡齒寒。君所知也。不救何爲。子洩即不狃言魯平日雖無黨急則必有共其難救之者且晉齊楚合魯而爲四魯亡則三國皆危必爲救援不可輕也三月。
吳伐我。子洩率。故道險。從武城。初。武城人或有因於

吳竟田焉。拘鄫人之漚菅者。曰。何故使吾水滋。及吳師至。拘者道之以伐武城。克之。不狃故由武城險道緩其行使魯得備禦拘執也滋濁也先時武城人或僑田吳界鄫人亦僑田于吳執鄫之漬菅草于水者責其何故漬草使水濁道道鄉道也〔竟〕音境〔菅〕音奸○愚按不狃在吳而猶念其故國抑亦賢矣然王使之率而道險以誤之不二心于吳乎鄭子蘭從晉侯伐鄭請無與圍而待命于東鄙臣之自處當如此○呂祖謙氏曰不狃有全魯之善而不免為叛人是以知小節之不足恃王犯嘗為之宰。澹臺子羽之父好焉。國人懼。王犯吳大夫故嘗奔魯為武城宰子羽孔子弟子武城人其父與犯善國人懼其為內應〔好〕去聲懿子謂景伯。若之何。對曰。吳師來。斯與之戰。何患焉。且召之而至。又何求焉。景伯言康子背盟伐邾是召吳兵之至又何訪求之有吳師克東陽而進。舍于五梧。明日。舍於蠶室。公賓庚。公甲叔子與戰于夷。獲叔子與析朱鉏。獻於王。王曰。此同車。必使能。國未可望也。明日舍于庚宗。遂次于泗上。一宿爲舍東陽五梧蠶室魯三邑今山東青州府北有東陽城公賓庚公甲叔子析朱鉏魯三大夫所戰與所獲人異傳互言之也吳王言此三人同車俱死是魯能使人致死必能守國未可望得魯國也庚宗魯地三宿以上爲次泗泗水亦魯地微虎欲宵攻王舍。私屬徒七百人。三踊於幕庭。卒三百人。有若與焉。及稷門之內。或謂季孫曰。不足以害吳。而多殺國士。不如已也。乃止之。微虎魯大夫欲乘攻吳之次舍幕庭謂於帳前設格令士試躍之於七百人中終得三百人卒終也有若孔子弟子與在三百人中稷門魯南城門屬音燭○凌約言氏曰時至哀公魯寖微矣據左氏所記尚多盡忠死難士也此所以爲禮義之國第謂孔子之徒與於三踊之列恐未必然吳子聞之一夕三遷吳人行成將盟景伯曰楚人圍宋易子而食析骸而爨猶無城下之盟我未及虧而有城下之盟是弃國也吳輕而遠不能久將歸矣請少待之弗從景伯負載造于萊門乃請釋子服何于吳吳人許之以王子姑曹當之而後止吳人盟而還吳子畏微虎故一夕三遷求與魯成楚圍宋在宣十五年未及虧國勢未有虧損也輕謂其師輕易遠謂其國阻遠輕則易變動遠則難饋糧故不能持久景伯欲吳退師以禮魯而後與平故引華元事爲言季孫弗從景伯遂負載盟書將欲出盟釋舍也何即景伯魯恐盟不足恃欲因舍景伯爲質于吳既得吳許復求吳王之子交質以當景伯吳不從故遂兩止經不書盟恥與吳盟也〔造〕七報反○齊悼公之來也季康子以其妹妻之即位而逆之季魴

侯通焉。女言其情。弗敢與也。齊侯怒。夏。五月。齊鮑牧帥師伐我。取讙及闡。悼公陽生來奔在五年。鮑牧齊大夫。以不歸季姬故伐我。（妻）去聲○附録　子叔父女。郎康子妹。鮑侯康或譖胡姬於齊侯曰。安孺子之黨也。六月。齊侯殺胡姬。胡姬景公妾。六年以安孺子如賴者。杜預氏云傳言齊侯無道。所以不終○齊侯使如吳請師。將以伐我。乃歸邾子。吳前爲邾討魯。旣盟而去。邾子猶未歸。今魯懼二國同心。故歸邾子。邾子又無道。吳子使大宰子餘討之。囚諸樓臺。栫之以棘。使諸大夫奉大子革以爲政。子餘。卽宰嚭。栫壅也。以荊棘壅蔽之。革邾大子。桓公也。杜預氏云爲十年邾子來奔傳○附録　秋。及齊平。九月。臧賓如如齊涖盟。齊閭丘明來涖盟。且逆季姬以歸。嬖。賓如臧會之子。明閭丘嬰之子。盟不書諱

（惡也季姬即康子妹）鮑牧又謂羣公子曰。使女有馬千乘乎。公子愬之。公謂鮑子。或譖子。子姑居於潞以察之。若有之。則分室以行。若無之。則反子之所。出門。使以三分之一行。半道。使以二乘。及潞。麇之以入。遂殺之。（鮑牧本不欲立陽生而又忿其君不可二之言故言使女有馬千乘以諷動羣公子欲立之爲君潞齊邑察察其罪之有無也有罪則分室之半聽其出奔無罪則復子之職位麇束縛也［女］音汝［乘］去聲）○冬。十二月。齊人歸讙及闡。季姬嬖故也。

［經］（乙卯）九年。（杞閔公元年）春。王二月。葬杞僖公。（無傳）○宋皇瑗帥師取鄭師于雍丘。（雍丘宋地今爲河南杞縣）○夏。楚人伐陳。○秋。宋公伐鄭。○冬。十月。

傳九年附録春齊侯使公孟綽辭師于吳吳子曰昔歲寡人聞命今又革之不知所從將進受命于君齊既與魯平且姬變故辭吳師革易也將進受命于齊言將伐齊也杜預氏云爲十年吳伐齊傳○鄭武子賸之嬖許瑕求邑無以與之請外取許之故圍宋雍丘宋皇瑗圍鄭師每日遷舍壘合鄭師哭子姚救之大敗二月甲戌宋取鄭師于雍丘使有能者無死以郟張與鄭羅歸賸卽罕達謚武子瑕武子之屬外取取于他國也賸欲鄭取之以與瑕鄭師許瑕師也遷舍壘合謂自遠逼近而軍壘周四圍不通也鄭師知不得去故哭子姚卽武子賸使有能者無死將用其能也郟張鄭羅鄭之有能者賸以證反郟音甲○張洽氏曰鄭以不義深入敵竟而圍其邑此固喪師之道也○夏楚人伐陳陳卽吳故也○宋公伐

鄭。報雍丘也（一）附錄秋。吳城邗溝。通江淮。邗今南直隸揚州府東南有邗城穿溝東北通射陽湖西北至宋口入淮通糧道也邗音寒（二）附錄晉趙鞅卜救鄭。遇水適火。占諸史趙史墨史龜。宋伐鄭簡子欲救之而畏宋故卜卜法橫者爲土立者爲木邪向經者爲金背經者爲火因兆而細曲者爲水趙墨龜皆晉大史史龜曰是謂沈陽。可以興兵。利以伐姜。不利子商。伐齊則可。敵宋不吉。火陽也得水則火滅故謂沈陽兵陰類水勝故可興兵姜齊姓火師之後火弱故利伐齊子商姑屬水水勝故伐宋不利史墨曰。盈水名也。子水位也。名位敵。不可干也。炎帝爲火師。姜姓其後也。水勝火。伐姜則可。趙鞅祖居瀛水故賜瀛姓瀛與盈同水盈坎則行故盈爲水名宋姓子又得北方水位二水俱盛故不可干炎帝卽神農有火瑞爲火師而火名姜乃神農之後火畏水故可伐姜史趙曰。是謂如川之滿。不可游也。鄭方有罪。不可救也。救鄭則不吉。不知其他。既盈而得水位故爲如川之滿其波流盛故不可游鄭以嬖寵伐人爲有罪救鄭則當伐宋故不吉陽虎以周易筮之。遇泰☷☰之需☵☰曰。宋方吉。不可與也。微子啓帝乙之元子也。宋鄭甥舅也。祉祿也。若帝乙之元子。歸妹而有吉祿。我安得吉焉。乾下坤上泰乾下坎上需泰六五曰帝乙歸妹以祉元吉帝乙紂父也陰而得中有似王者嫁妹得如其願受福祿而大吉故云宋方吉不可與戰宋爲微子之後而微子爲帝乙之元子今卜得帝乙卦故以爲宋吉宋嫁女于鄭爲甥舅之國亦不須爲鄭伐宋吉在宋則我伐之爲不吉乃止。西占皆不可故不救鄭○附錄冬。吳子使來儆師伐齊。前年齊請吳師伐魯齊既與魯成而止故吳恨之反與魯謀伐齊

春秋左傳六十六卷終

左氏傳測義

20

自六十七
至七十
止

春秋左傳註評測義卷之六十七

明吳興後學凌稚隆輯著

哀公三

【經】丙辰十年。春。王二月。邾子益來奔。○公會吳伐齊。不與謀故書會○三月戊戌。齊侯陽生卒。○夏。宋人伐鄭。無傳○晉趙鞅帥師侵齊。書侵以其伐齊之喪也○五月。公至自伐齊。○無傳○葬齊悼公。無傳○衛公孟彄自齊歸于衛。無傳書歸齊納之○薛伯夷卒。無傳○秋。葬薛惠公。無傳○冬。楚公子結帥師伐陳。吳救陳。林堯叟氏云書吳救陳中夏幾于亾矣

【傳】十年。春。邾隱公來奔。齊甥也。故遂奔齊。前年吳因邾子使奉

公子華以爲政故來奔定十五年子貢觀禮之言至是果驗○公會吳子邾子郯子伐齊南鄙師于鄎鄎齊地邾郯之兵幷屬于吳故不列于諸侯〔鄎〕音息齊人弑悼公赴于師吳子三日哭于軍門之外徐承帥舟師將自海入齊齊人敗之吳師乃還赴于師以說吳也徐承吳大夫○愚按經書齊侯陽生卒左傳乃謂齊人弑悼公以赴于吳而不詳弑者名與其事胡氏因之以爲春秋不忍以夷狄加于中國也故隱弑而書卒竊恐不然僖二十一年諸侯會于盂楚執宋公戰于泓宋師敗績春秋未嘗爲中國隱也矧魯會吳伐齊齊弑其君何與于吳事而孔子特爲隱之吳澄氏云當時以吳師在齊而公卒遂以爲弑爾斯言得之學者當以經爲正○夏趙鞅帥師伐齊大夫請卜之趙孟曰吾卜於此起兵事不再令卜不襲吉行也於是乎取犂及轅毀高唐之郭侵及賴而還

卜於此起兵謂前年卜伐宋不吉利以伐姜故今起兵不再令恐瀆也襲重也卜不重吉瀆則不吉也犂轅高唐顧皆齊地○附錄

秋吳子使來復儆師。伐齊未得志故欲再伐杜預氏云爲明年吳伐齊傳○冬楚子期伐陳。以陳卽吳故也吳延州來季子救陳謂子期曰二君不務德而力爭諸侯民何罪焉我請退以爲子名務德而安民乃還。延陵州來皆季札邑二君謂吳楚爲子名爲子期成伐陳之名○劉敞氏曰左氏云延州來季氏推驗其年季子近百歲矣似異時事傳附會其說爾

經丁巳十有一年春齊國夏帥師伐我伐我云者我自有以致寇也○夏陳轅頗出奔鄭○五月公會吳伐齊○甲戌齊國書帥師及吳戰于艾陵齊師敗績獲齊國書。艾陵齊地

○秋七月辛酉滕子虞毋卒。無傳 ○冬十有一月葬滕隱公。無傳 ○衛世叔齊出奔宋。

傳 十一年春齊爲郎故國書高無丕帥師伐我及清。魯伐齊師郎在前年清齊地爲去聲郎息音 季孫謂其宰冉求曰齊師在清必魯故也若之何求曰一子守二子從公禦諸竟季孫曰不能求曰居封疆之間季孫告二子二子不可求曰若不可則君無出一子帥師背城而戰不屬者非魯人也魯之羣室衆於齊之兵車一室敵車優矣子何患焉二子之不欲戰也宜政在季氏當子之身齊人伐魯而不能戰子之恥也大不列于諸侯矣冉求字子有孔子弟子必魯言必爲伐魯一子謂季孫守守國也二子謂叔孫孟孫竟齊魯之界不能自度不能使二子也封疆竟内近郊之地求始欲公親將而二子以師從則兵勢壯可禦齊于竟二子不可求恐齊師深入則國危故欲季氏專將凡國人皆從有決死之心而後齊可敵屬臣屬也欲使二子皆臣屬我也羣室都邑之家也優足也言齊車雖衆不及魯都邑之家敵之猶有餘不須患寡二子以政不在身不能戰非其所耻季氏身任魯政而不能戰不復可列于諸侯是宜耻爾

季孫使從於朝。俟于黨氏之溝。武叔呼而問戰焉。對曰。君子有遠慮。小人何知。懿子強問之。對曰。小人慮材而言。量力而共者也。武叔曰。是謂我不成丈夫也。退而蒐乘。

黨氏溝朝中地使求從已入公朝俟於此也小人冉求自稱始言小人無知以拒懿子也共共命也既言非已材力所及亦以拒懿子也懿子知冉求責已不欲戰故云謂我不成丈夫蒐閱車乘爲戰備也强上聲共

音恭孟孺子洩帥右師。顏羽御。邴洩爲右。冉求帥左師。管周父御。樊遲爲右。季孫曰。須也弱。子有曰。就用命焉。季氏之甲七千。冉有以武城人三百爲已徒卒。老幼守宮。孺子孟懿子之子武伯彘也。顏羽邴洩孟氏臣。樊遲即樊須魯人孔子弟子。弱年少也。就猶能也。用命效死也。徒卒步卒精兵也。邴音丙。次于雩門之外。五日右師從之。公叔務人見保者而泣曰。事充政重。上不能謀。士不能死。何以治民。吾既言之矣。敢不勉乎。雩門魯南城門。右師五日乃從。不欲戰也。務人即昭公子公爲也。保謂守城者。充謂役煩。重謂賦多。敢不勉謂既言不能死。已不敢不死也。師及齊師戰于郊。齊師自稷曲。師不踰溝。樊遲曰。非不能也。不信子也。請三刻而踰之。如之。衆從之師入齊軍。稷曲郊地名師謂左師踰過也不信言求之號令未信也三刻與衆三刻約信也如如遲言從之踰溝也冉求之左師獨入齊軍右師奔。齊人從之。陳瓘陳莊涉泗。孟之側後入以爲殿。抽矢策其馬。曰馬不進也。林不狃之伍曰。走乎。不狃曰。誰不如。曰然則止乎。不狃曰。惡賢。徐步而死。三陳齊大夫涉泗以逐右師之側孟氏族字反不欲伐善故云馬不進不狃魯士五人爲伍敗而欲走誰不如言巳不如誰而乃走止謂拒戰惡賢言止戰不足爲賢杜預氏云傳見魯亦有勇士惡音烏師獲甲首八十。齊人不能師。宵諜曰齊人遁。冉有請從之三。季孫弗許。師謂冉求左師不能師不復整師也諜閒諜也傳見齊師亦弱孟孺子語人曰。我不如顏羽。而賢于邴洩。子羽銳敏。我不欲戰而能默。洩曰驅之。子羽卿顏羽孺子言羽銳敏欲戰故我不如羽我口不言奔而洩則明言驅走故我賢于洩傳見魯無戰情**公爲與其嬖僮汪錡乘。皆死。皆殯。孔子曰。能執干戈以衛社稷。可無殤也。**汪錡僮名時人以童子未成人而死當殤孔子言可無殤欲從成人之禮也錡音蟻○愚按公爲之死於郊戰也孰與夫盡節於昭公哉夫其謀逐季氏以成乾侯之出誰則爲之者則當公之存宜蒙死効力以圖入似甯俞之於衛侯當公之沒宜泣血求援以復讐如申包胥之於楚國如是而不濟乃刎頸絕脰以謝君父可也不是務而恬然與彼叛逆者同國已再易世矣而復隕於原野非其死所其奚足云**冉有用矛於齊師。故能入其軍。孔子曰。義也。**矛戟屬義言知事君之義杜註義爲勇劉註義爲藝皆非也○愚按孔子果稱冉有之義必以其爲魯畫勝齊之策不以能用矛也○李廉氏曰世家季桓子卒遺言康子乃召孔子其臣止之康子乃召冉有是年冉有與齊戰有功康子乃召孔子而孔子歸魯年六十八矣然魯終不能用孔子孔子亦不求仕乃敘書傳禮記刪詩正樂序易弟子蓋三千人焉○夏陳轅頗出奔鄭。初轅頗爲司徒。賦封田以嫁公女。有餘。以爲已大器。國人逐之。故出。道渴。其族轅咺進稻醴粱糗腶脯焉。喜曰。何其給也。對曰。器成而具。曰。何不吾諫。對曰。懼先行。封田封內之田頗悉賦之以爲公女嫁具大器鐘鼎之屬稻醴酒也粱糗乾飯也腶脯作鍛加姜桂曰脯給備也器即大器具具醴糗言大器方成知有令日故具此懼先行恐見怒而先見逐也[咺]玄上[糗]起九反○張洽氏曰轅頗之奔可以爲人臣附上以刻下托公以營私者之戒也○爲郊戰故。公會吳子伐齊。五月。克博。壬申。至于嬴。中軍從王。胥門巢將上軍。王子姑曹將下軍。展如將右軍。今春郊戰未逞公復會吳再伐齊博嬴齊二邑今屬山東萊蕪縣中軍吳中軍也胥門巢王子姑曹展如皆吳大夫

爲去聲

齊國書將中軍，高無丕將上軍，宗樓將下軍。陳僖子謂其弟書：「爾死，我必得志。」宗子陽與閭丘明相厲也。桑掩胥御國子。公孫夏曰：「二子必死。」將戰，公孫夏命其徒歌虞殯，陳子行命其徒具含玉，公孫揮命其徒曰：「人尋約，吳髮短。」東郭書曰：「三戰必死，於此三矣。」使問弦多以琴，曰：「吾不復見子矣。」陳書曰：「此行也，吾聞鼓而已，不聞金矣。」書即子占。無丕，高張之子。宗樓皆齊大夫。得志，以死事也。子陽即宗樓。相厲，謂相勸勵致死。國子即國書。二子謂子陽、閭丘明。必死，死亦勸勉也。虞殯，送葬之曲，歌之示必死也。子行即陳逆。葬禮珠玉曰含，具含玉，亦示必死也。八尺曰尋。約，繩也。令人具八尺繩，爲俘獲具，以吳俗斷髮不可縛，欲以繩貫其首取之。東郭書，齊大夫。於此三者，謂戰夷儀、戰五氏，於此復爲三也。問遺也弦多齊人六年奔魯不復見子言將死也鼓進金退聞鼓不聞金有進無退也杜預氏云傳言吳師强齊人皆自知將敗○愚按决死以求勝死可也死而辱國奚取焉而齊國之士皆先志于敗以期必死也夫豈人情哉或者曰左氏以齊師敗績之故因爲文其致敗之自如此未可知也○陸粲氏曰賢哉陳書也生逆亂之族而能捐軀死國其晉欒鍼之儔乎夫死非人所樂其兄則安能死之且僖子弑君盜政矣寧復待此而後得志乎哉左氏爲此言非所謂成人之美者

甲戌。戰于艾陵。展如敗高子。國子敗胥門巢。王卒助之。大敗齊師。獲國書。公孫夏。閭丘明。陳書。東郭書。革車八百乘。甲首三千。以獻于公。時齊吳之上軍皆敗勝負猶相當而王以精卒乘之故大勝而獲齊之羣將公以兵從故以所獲獻公

將戰。吳子呼叔孫曰。而事何也。對曰。從司馬。王賜之甲劍鈹。曰。奉爾君事。敬無廢命。叔孫未能對。

衛賜進曰。州仇奉甲。從君而拜。叔孫州仇也而事何言汝所職何事也從司馬從吳司馬所命也衛賜即子貢孔子弟子也拜謂拜受之公使大史固歸國子之元。寘之新篋。褽之以玄纁。加組帶焉寘書于其上。曰。天若不識不衷。何以使下國。元首也吳以國書之首獻魯故公使大史固歸之于齊褽薦也薦其首以玄纁之服以組帛帶加于上衷善也即天而言故魯自稱曰下國言天若不識不善何以使我下國討其罪而殺之褽音尉纁音勳組音祖○附錄吳將伐齊越子率其衆以朝焉。王及列士。皆有饋賂。吳人皆喜。唯子胥懼曰。是豢吳也夫。將伐齊即艾陵之戰豢養也言越之養如人養犧牲非一日愛之將殺之也吳越春秋云越王念復吳仇非一日矣苦身勞心夜以接日目卧則攻之以蓼足寒則漬之以水冬常抱水夏還握火愁心苦志懸膽于戶出入嘗之不絶於口豢音患諫曰。越在我。

心腹之疾也壤地同而有欲於我夫其柔服求濟其欲也不如早從事焉得志于齊猶獲石田也無所用之越不爲沼吴其泯矣使醫除疾而曰必遺類焉者未之有也盤庚之誥曰其有顛越不共則劓殄無遺育無俾易種于茲邑是商所以興也今君易之將以求大不亦難乎弗聽有欲欲得吴也從事擊之也齊地不相接即得之如石田不可耕故云無所用沼汚瀦也泯滅也遺猶留也類種類也言使醫治疾未有不欲除去病根者盤庚商書篇顛隕越踰也劓割殄絶育長也言有隕越不共上命者則劓殄之無使留育無使轉生種類於此新邑易反易也大謂圖霸大事㊀共音恭使於齊屬其子於鮑氏爲王孫氏反役王聞之使賜之屬鏤以死將死曰樹吾墓檟檟可

材也。吳其亡乎。三年。其始弱矣。盈必毀。天之道也。員以使事至齊因托其子改姓爲王孫以避吳禍反使返也屬鏤劍名越人朝之伐齊勝之盈之極也杜預氏云爲十三年越伐吳起吳國語云子胥將死曰而縣吾目於吳門以觀越人之入吳國之亡也遂自殺王慍曰孤不使大夫得見也乃使取子胥之尸盛之鴟夷而投之于江〔使〕去聲〔屬〕音祝〔鏤〕音婁○黃省曾氏曰胥也始之盡謀于闔廬者欲感動其君以爲之報也終之盡謀于夫差者思先君報仇之恩而欲忠于其子亦以報楚也自其彎弓之辰至于伏劍惟一報楚酬親之心已爾○附錄

秋。季孫命脩守備。曰。小勝大。禍也。齊至無日矣。小謂我國大謂齊○冬。衛大叔疾出奔宋。初。疾娶于宋子朝。其娣嬖。子朝出。孔文子使疾出其妻而妻之。疾使侍人誘其初妻之娣。寘於犂。而爲之一宮。如二妻。文子怒。欲攻之。仲尼

止之。遂奪其妻。或淫於外州。外州人奪之軒以獻恥是二者。故出。（大叔疾即世叔齊也子朝宋人仕衛南子所淫者娣所娶女之娣嬖寵也子朝出奔孔文子使疾出宋朝之女而以巳女妻疾犂衛邑奪其妻不復嫁疾也外州亦衛邑或淫疾或時往淫也軒車也獻獻于君也二者奪妻奪軒也〔妻〕之去聲○高閔氏曰春秋書大夫之奔何其多也是時政在大夫君欲自專始則相猜相忌終乃相攻相逐也）衛人立遺使室孔姑。疾臣向魋。納美珠焉。與之城鉏。宋公求珠。魋不與。由是得罪。及桓氏出。城鉏人攻大叔疾。衛莊公復之。使處巢。死焉。殯於鄖。葬於少禘。（遺疾之弟孔姑即孔文子女疾之妻也臣謂臣事之城鉏魋私邑桓氏即向魋出於十四年復之復使疾還也巢鄖少禘皆衛地杜預氏云傳言疾之失所〔姑〕其乙反）初晉悼公子慭亡在衛。使其女僕而田。大叔懿子止而飮之酒遂聘之生悼子悼子卽位故夏戊爲大夫悼子亾衛人翦夏戊僕御田獵也懿子疾之父悼子卽疾也夏戊悼子之甥翦謂削其爵邑孔文子之將攻大叔也訪於仲尼仲尼曰胡簋之事則嘗學之矣甲兵之事未之聞也退命駕而行曰鳥則擇木木豈能擇鳥文子遽止之曰圉豈敢度其私訪衛國之難也將止魯人以幣召之乃歸攻疾在未奪妻之先夏曰胡周曰簋皆行禮所用之器鳥大子自喻木喻孔文子圉文子名度其私言非爲己謀也止止仲尼止也召而歸於是自衛反魯正樂雅頌各得其所○季本氏曰文子嘗以斂而好學不恥下問爲孔子所稱不宜贖倫敗禮如此觀疾適宋臣向魋則必悖逆之臣而不可以奪妻逐出之罪誣加文子也○附錄季孫欲以田賦使冉有訪於仲尼仲尼曰丘

不識也三發卒曰子爲國老待子而行若之何子之不言也訐丘而出兵車乃賦之常法令不計丘而計田故云以田賦觀下文孔子以丘足矣之言可見杜註別其田及家財各爲一賦李氏謂商賈所當出之賦令衆民代出之皆非也仲尼惡其厚斂故托言不識以拒之三發三次問也卒終也○李廉氏曰孔子惡冉求聚歛附益之言蓋在此時仲尼不對而私於冉有曰君子之行也度於禮施取其厚事舉其中歛從其薄如是則以丘亦足矣若不度於禮而貪冒無厭則雖以田賦將又不足且子季孫若欲行而法則周公之典在若欲苟而行又何訪焉弗聽行行政事也度於禮謂度其合於禮如下三事十六井爲丘出戎馬一疋牛三頭言能舍欲從禮雖爲丘之常賦亦可足用若舍禮從欲雖別爲田賦亦不能滿無已之求子季孫子之季孫也行而法謂行

其常法典舊典也苟而行言不合禮也杜預氏云爲明年用田賦傳[冒]音墨

【經】戊午十有二年春用田賦。用田賦者用田之所收以爲賦令之出牛馬也○夏五月甲辰孟子卒。○公會吳于橐皋。橐皋在今南直隸巢縣[橐]音拓○秋公會衛侯宋皇瑗于鄖。鄖吳地即發陽在今南直隸泰州竟[鄖]音云○宋向巢帥師伐鄭。○冬十有二月螽。

【傳】十二年春王正月用田賦。終前年欲以田賦○夏五月昭夫人孟子卒。昭公娶于吳。故不書姓。死不赴。故不稱夫人。不反哭。故不言葬小君。孟字子宋姓吳與魯皆姬姓諱娶同姓故稱孟子若宋女子姓者然孔子與弔。適季氏。季氏不絻。放絰而拜。孔子始老以小君禮往弔而適季氏見其不服喪冠亦去喪帶以爲拜[與]音預[絻]音問○愚按當時季氏專國昭公旅於不成其爲君故孟子卒亦不成其爲夫人觀季氏不服喪冠孔子夫絰而拜可知矣恐非因同姓而不討不反哭也○公會吳于橐皋。吳旣敗齊魯以爲德將爲之合諸侯以親之故公至橐皋而與之爲會秋會衞宋于鄖意正在此吳子使大宰嚭請尋盟公不欲使子貢對曰盟所以周信也故心以制之玉帛以奉之言以結之明神以要之寡君以爲苟有盟焉弗可改也已若猶可改日盟何益今吾子曰必尋盟若可尋也亦可寒也乃不尋盟吳欲尋七年鄫之盟周固也制制其義也奉奉贄言盟言結結其信也要要以禍福也有盟有前日于鄫之盟尋溫寒歇也言若可重溫使熱亦可歇之使寒也○王葆氏曰吳欲尋盟非衞賜之言不可却故曰不有君子其何能國○吳徵會于衞初衞人殺吳行人且姚而懼謀於行人子羽子羽曰吳方無道無乃辱吾君不如止也子木曰吳方無道國無道必弃疾於人吳雖無道猶足以患衛往也長木之斃無不摽也國狗之瘈無不噬也而況大國乎徵會召之使就會也子羽子木皆衛大夫弃疾於人謂放弃凶疾而伐人國也患衛爲衛害也摽擊瘈狂噬齧也言長木摧則物無不遭其所擊者國狗發狂則人無不被其所齧者葢謂吳國猶足爲衛患不可以不往會也〔且〕音殂〔摽〕音飄〔瘈〕吉世反秋衛侯會吳于鄖公及衛侯宋皇瑗盟而卒辭吳盟不盡盟畏吳竊盟也吳人藩衛侯之舍子服景伯謂子貢曰夫諸侯之會事既畢矣侯伯致禮地主歸餼以相辭也今吳不行禮于衛而藩其君舍以難之子盍見大宰藩籬也吳人將執衛侯作藩籬圍其館舍以困辱之

侯伯謂盟主當致待賓之禮也主謂主人當歸生芻之餼相辭言各以禮相辭讓也難困苦也〔難〕去聲

乃請束錦以行語及衛故大宰嚭曰寡君願事衛君衛君之來也緩寡君懼故將止之子貢曰衛君之來必謀於其衆其衆或欲或否是以緩來其欲來者子之黨也其不欲來者子之讎也若執衛君是墮黨而崇讎也夫墮子者得其志矣且合諸侯而執衛君誰敢不懼墮黨崇讎而懼諸侯或者難以霸乎大宰嚭説乃舍衛侯錦十端爲束子貢與大宰言因及衛事若本不爲衛君者止執也墮毀也崇猶與也毀吳不欲來者其言驗故得志舍釋也〔説〕音悅衛侯歸效夷言子之尚幼曰君必不免其死於夷乎執焉而又説其言從之固

矣夷謂吳言方言也子之公孫彌牟也固堅固也言其志堅欲從夷也其後出公輒果奔于越說音悅

○冬十二月螽季孫問諸仲尼仲尼曰丘聞之火伏而後蟄者畢今火猶西流司歷過也周十二月今十月也火心星也火伏在今十月而後蟄蟲盡閉今火未盡沒猶西流是今之九月也蓋是歲宜置閏而司歷者失閏不置故誤以爲十二月○呂大圭氏曰左氏以爲失閏之故然明年九月螽又十二月螽恐不專爲失閏○家鉉翁氏曰左氏所載疑非聖人之言也

○宋鄭之間有隙地焉曰彌作頃丘玉暢嵒戈錫子產與宋人爲成曰勿有是及宋平元之族自蕭奔鄭鄭人爲之城嵒戈錫九月宋向巢伐鄭取錫殺元公之孫遂圍嵒十二月鄭罕達救嵒丙申圍宋師彌作以下六邑皆隙地勿有是言俱弃之也宋平元奔鄭在定十五年鄭

爲城三邑以處之宋以鄭背盟故討之元公孫亦叛黨此事經在十二月纔上今㓮在下故傳列其目以爲別嵒五咸反

經己未十有三年春。鄭罕達帥師取宋師于嵒。○夏。許男成卒。無傳○公會晉侯及吳子于黃池。黃池衛地在今河南封丘縣南林堯叟氏云言會而及雖兩霸之詞而終不以吳晉同主盟也○楚公子申帥師伐陳。無傳高閌氏云楚畏吳之強無如之何故乘吳之出會而伐陳○於越入吳。○秋。公至自會。無傳○晉魏曼多帥師侵衛。無傳。李廉氏曰晉事止于此先儒李氏云讀隱桓之春秋而知王澤之竭也讀昭定之春秋而知霸烈之壞也晉霸復盛于悼公浸衰于平昭而遂廢于頃定嘗原晉事之顛末而察其所由失矣或曰晉之微也大變在東狄自召陵擁十八國之衆不能振旅至于戎蠻之執晉俛焉北面而事楚以京師之禮自吳滅巢滅徐伐陳伐齊晉不

能誰何迄乎黃池之會吳哆然操方伯之令而下以
列國命晉春秋由是絕筆焉則晉之失霸實夷狄之
張也曰中國苟合夷狄豈能間乎其端在諸侯之先
貳當時以齊景衛靈宋景之君其國皆強勠力周旋
何畏于吳楚今也晉執行人叔孫婼與邾大夫坐而
失魯執宋仲幾樂祁犂而失宋涉佗成何詬衛而失
衛荀寅辭蔡而失蔡假羽旄于鄭而失鄭是以齊得
以盡取諸侯鄭則與齊盟于鹹會于安甫矣衛則與
齊盟于沙次于五氏矣魯則與齊會于牽宋則與齊
會于洮矣終而齊侯衛侯且伐晉矣則晉之失霸乃
諸侯之離也曰晉國苟治諸侯安得背乎其原在大
夫之先叛使六卿諸臣如先大夫之肅皆盡忠以輔
公何憂乎齊衛今也自趙鞅取衛貢五百家動晉陽
之甲自韓不信執宋命卿不顧踐土之盟自魏舒南
面涖政敢于位以命大事而趙籍魏斯韓虔爲諸侯
之萌已成矣則晉之失霸乃大夫之擅也曰晉之禮
義素明則大夫豈得擅乎利勝而義微此上下之所
以不奪不饜也范鞅請冠而魯使豢執趙鞅受楊楯
而宋卿賈禍邾鄭爭貢而二卿亂國或取季孫之賄
而昭公弗納或求蔡侯之貨而伐楚之師徒出或索

十年而吳人藉爲口實孟子曰上下交征利而國危矣晉霸之衰又誰咎歟〇葬許元公。無傳〇九月。螽。無傳書災也〇冬十有一月。有星孛于東方。無傳光芒四出曰孛平旦見故不言所次之位〇盜殺陳夏區夫。無傳區夫夏徵舒之後〇十有二月。螽。無傳前年不正歷失閏此書十二月螽實十一月也

【傳】十三年春。宋向魋救其師。鄭子賸使徇曰。得桓魋者有賞。魋也逃歸。遂取宋師于嵒。獲成讙郜延。以六邑爲虛。救其師謂救前九月圍嵒之師子賸即罕達徇告于衆也桓魋即向魋成讙郜延皆宋大夫虛不有也〇夏。公會單平公。晉定公。吳夫差于黃池。平公周卿士經不書不忍書也〇六月丙子。越子伐吳。爲二隧。吳子方會越乘其無備而伐之隧道也分師爲二道疇無餘。謳陽自南方先及郊。吳大

子友。王子地。王孫彌庸。壽於姚。自泓上觀之。彌庸見姑蔑之旗。曰。吾父之旗也。不可以見讐而弗殺也。大子曰。戰而不克。將亾國。請待之。彌庸不可。屬徒五千。王子地助之。乙酉。戰。彌庸獲疇無餘。地獲謳陽。疇無餘謳陽皆越大夫。友地皆夫差子。王孫彌庸壽於姚皆吳大夫。泓水名。觀觀越師也。姑蔑越地。今浙江龍游縣有蔑姑城。彌庸父為越所獲。故姑蔑人得其旌旗屬會也。越子至。王子地守。丙戌。復戰。大敗吳師。獲大子友。王孫彌庸。壽於姚。丁亥。入吳。越始敗而後勝。先以弱兵誘之。而以精兵繼之。故遂入其國。吳人告敗于王。王惡其聞也。自剄七人於幕下。王惡諸侯聞之。殺告敗者以滅口。惡去聲。○

附錄　秋。七月辛丑。盟。吳晉爭先。吳人曰。於周室我為長。

晉人曰。於姬姓我爲伯。趙鞅呼司馬寅曰。日旰矣。大事未成。二臣之罪也。建鼓整列。二臣死之。長幼必可知也。對曰。請姑視之。反曰。肉食者無墨。今吳王有墨。國勝乎。大子死乎。且夷德輕。不忍久。請少待之。乃先晉人。爭先爭歃血先後也吳大伯爲大王長子故云爲長周襄王策命文公爲方伯故云爲伯寅晉大夫旰晚也大事盟也二臣謂鞅與寅勝者爲長負者爲幼故云長幼必可知墨氣色下也言有爵位肉食之人無氣色下者國勝國爲敵所勝也少待言勿與爭也國語云吳王夫差既勝齊殺子胥乃起師北征闕爲深溝通於齊魯之間北屬之沂西屬之濟以會晉公午於黃池越王勾踐乃命范蠡率師沿海泝淮絕吳路始率中軍泝江以襲吳入其郛焚其姑蘇徙其大舟吳晉爭長未成邊遽至以越亂告夫差於是用王孫雒之謀卒得先歃而歸○愚按左氏謂盟先晉人夫自宋之盟晉已不能先楚矣矧陵遲至於

今日豈能復與吳爭國語先吳之說似實然難遽信不若辨疑云吳欲因會以交中國晉欲交吳以弭兵華之患是說得之

吳人將以公見晉侯。子服景伯對使者曰。王合諸侯。則伯帥侯牧以見於王。伯合諸侯。則侯帥子男以見於伯。自王以下。朝聘玉帛不同。故敝邑之職貢於吳。有豐於晉。無不及焉。以爲伯也。今諸侯會。而君將以寡君見晉君。則晉成爲伯矣。敝邑將改職貢。魯賦於吳八百乘。若爲子男。則將半邾以屬於吳。而如邾以事晉。且執事以伯召諸侯。而以侯終之。何利之有焉。吳人乃止。

子服景伯即子服何伯王官伯也九州之長入天子之國曰牧於外曰侯天子會諸侯則王官伯帥侯牧以見天子尊天子也王官伯會諸侯則侯帥子男以見王官伯

敬方伯也魯惟以吳爲伯故職貢皆豐於晉今吳將以魯君見晉君是吳爲侯而帥子男以見晉伯也往以吳爲伯魯爲侯故貢吳八百乘今吳帥魯見晉則魯降爲子男矣邾是子爵以六百乘貢吳魯亦將半邾三百乘以屬於吳如邾六百乘以事晉矣

既而悔之將囚景伯景伯曰何也立後於魯矣將以二乘與六人從遲速唯命遂囚以還及戶牖謂大宰曰魯將以十月上辛有事於上帝先王季辛而畢何世有職焉自襄以來未之改也若不會祝宗將曰吳實然且謂魯不共而執其賤者七人何損焉大宰嚭言於王曰無損於魯而祇爲名不如歸之乃歸景伯

悔謂景伯欺之也何景伯名言立後明不避囚也戶牖在陳晉縣季辛二辛也有職有助祭職也襄謂魯襄公會會祭也吳實然言祝宗告神以景伯不會爲吳囚

之故也景伯非卿故自謂賤者七人并從者六人而言也名惡名也[從]去聲[共]音恭○愚按吳人好兼并故詐之以事晉吳人信巫鬼故恐之以宗祝吳人陵強大故鄙之以執賤於是吳人卒不得見公于晉而景伯亦遂稅囚以歸辭之不可已也如此

吳申叔儀乞糧於公孫有山氏曰佩玉蕊兮余無所繫之旨酒一盛兮余與褐之父睨之對曰粱則無矣麤則有之若登首山以呼曰庚癸乎則諾

申叔儀吳大夫有山氏魯大夫二人舊相識蕊言服飾備也一盛一器也褐賤者之衣睨視也言王服飾備已獨無以繫佩王有美酒一器已與賤者但得視不得飲粱精美也軍中不得出糧故相爲隱語庚西方主穀癸北方主水故教使登首山而呼曰庚癸乎則諾其請蓋有山氏素備糧食登山待其呼則諾而與之也杜預氏云傳言吳子不與衆共饑渴所以亾[蘂]而捶反

王欲伐宋殺其丈夫而囚其婦人大宰嚭曰可勝也而弗能居

也。乃歸。吳子以宋不與黃池會故欲伐之弗能居言地遠不能有而居之傳言吳子悖虐甚○

附錄 冬。吳及越平。終伍員二二年始翦之言

經 庚申 十有四年春。西狩獲麟。麟麕身牛尾狼額馬蹄有五采腹下黃高丈二一角而戴肉設武備而不爲害含仁懷義音中鐘呂行步中規折旋中矩遊必擇土翔必有處不履生蟲不折生草不群不旅不入羅網冬獵曰狩大野在魯西故云西狩○愚按杜元凱謂春秋感麟而作諸家因之胡文定謂春秋成而麟至則本之何休之說竊疑聖人作經絕筆于獲麟之句則非經成而麟至明矣若必謂其感麟而始作則孔子之卒近在獲麟後二年苟非平日習聞其所記之行事與夫策書簡牘之大凡業嘗筆之爲書而至于獲麟麟亟之時遂成而出之則二百四十二年之間多有傳聞不實之事豈二年所能驟而成者故謂聖人感麟而始作春秋不可謂聖人感麟而始成春秋則無不可也○王世貞氏曰春秋成而獲麟也瑞應歟曰弗必也獲麟而後作春秋以比於河圖洛書也曰不然也春秋之作

久矣獲麟聖人之所托而悲者耶曰奚悲
也當其時而春秋之事既也可以止矣

春秋左傳註評測義卷之六十七終

春秋左傳註評測義卷之六十八

明吳興後學凌稚隆輯著

附錄 哀公四

愚按杜元凱云春秋止於獲麟故自此以下至十六年皆魯史記之文弟子欲存孔子卒故并錄以續孔子所修之經愚因別出之而識之為附錄云

【經】庚申 十有四年春。小邾射以句繹來奔。射小邾大夫句繹地名射音亦句音鉤○夏四月。齊陳恒執其君寘于舒州。○庚戌。叔還卒。無傳○五月。庚申朔。日有食之。無傳○陳宗豎出奔楚。無傳○宋向魋入于曹以叛。曹宋邑○莒子狂卒。無傳○六月。宋向魋自曹出奔衛。宋向巢來奔。

○齊人弒其君壬于舒州。○秋。晉趙鞅帥師伐衛。無傳 ○八月辛丑。仲孫何忌卒。○冬。陳宗豎自楚復入于陳。陳人殺之。無傳 ○陳轅買出奔楚。無傳 ○有星孛。無傳不言所在史失之 ○饑無傳

傳十四年春。西狩於大野。叔孫氏之車子鉏商獲麟。以為不祥。以賜虞人。仲尼觀之曰。麟也。然後取之。大野在今山東嘉祥縣竟車將車者子姓鉏商名麟非人所常見故怪之以為不祥虞人掌山澤之官杜預氏云言魯史所以得書獲麟 ○小邾射以句繹來奔。曰。使季路要我。吾無盟矣。季路孔子弟子見信於人故欲得與相要約而不用盟杜預氏云此以下蓋孔子弟子旣續書魯策以繫於經丘明亦隨而傳之終於哀公以卒前事其異事則皆

畧而不傳故此經無傳者多使子路子路辭季康子使冉有謂之曰千乘之國不信其盟而信子之言子何辱焉對曰魯有事于小邾不敢問故死其城下可也彼不臣而濟其言是義之也由弗能有事有征伐之事問故問其欲言之故彼謂邾射濟成也言邾射竊君之邑不臣於小邾而使我成其要言是以邾射爲義也由季路名○齊簡公之在魯也闞止有寵焉及即位使爲政陳成子憚之驟顧諸朝諸御鞅言於公曰陳闞不可竝也君其擇焉弗聽子我夕陳逆殺人逢之遂執以入陳氏方睦使疾而遺之潘沐備酒肉焉饗守囚者醉而殺之而逃子我盟諸陳於陳宗簡公

悼公之子壬也闞止即子我事在六年成子即陳恆憚止得君心故數顧之鞅齊大夫擇擇一而任也陳逆即子行陳氏之族瀋米汁也子我夕視事逢子行殺人于道執逆至朝陳氏欲謀齊國宗族方和使逆詐疾因遺米汁以沐頭而納酒肉於中逆得享醉守者殺之而逃子我懼陳逆反爲患故盟之陳宗陳氏宗上謂陳成子也 初陳豹欲爲子我臣使公孫言已已有喪而止既而言之曰有陳豹者長而上僂望視事君子必得志欲爲子臣吾憚其爲人也故緩以告子我曰何害是其在我也使爲臣他日與之言政說遂有寵謂之曰我盡逐陳氏而立女若何對曰我遠於陳氏矣且其違者不過數人何盡逐焉遂告陳氏豹亦陳氏族公孫齊大夫止之友言薦之也既終葬也上僂背僂曲

也皇視目皇陽也君子謂子我得志得止之志也
憚憚其多詐也遠蹝遠也違不從也止既寵豹欲
用以代陳氏之執政者豹既婉言以子行曰彼得
辭復以其意告陳氏〔說〕音悅〔女〕音汝

君弗先必禍子。子行舍於公宮。夏五月壬申。成子兄弟四乘如公。子我在幄。出逆之。遂入閉門。侍人禦之。子行殺侍人。公與婦人飲酒于檀臺。成子遷諸寢。公執戈將擊之。大史子餘曰。非不利也。將除害也。成子出舍于庫。聞公猶怒。將出。曰。何所無君。子行抽劍曰。需事之賊也。誰非陳宗。所不殺子者。有如陳宗。乃止。

彼謂子我。子謂成子。舍隱也。成子之兄弟昭子莊簡子齒宣子夷穆子安廩丘子意茲芒子盈惠子得凡八人二人共一乘如公宮幄帳也禦止也子我方在聽政之所丸陳氏至出迎之成子遂入公宮反閉門不納子我子我之侍人禦止之時子行先舍於公宮故得殺其侍人寢正寢也成子遷公居正寢欲挾以會衆也公怒其欲作亂將擊之子餘齊大夫陳氏黨飾言爲公除害成子以公怒故出舍于庫將出奔子行以殺女脅而留之有如陳宗稱先祖鬼神以信其言也○愚按迹成子之兄弟如公而遷公於寢也豈不昭然叛逆事哉而猶聞公怒而將出若有迫於所遭之不幸者蓋姑以是激私黨之怒以濟其謀焉爾非其情也意如之受伐請以五乘亾彌年之距輒欲自壯門出姦雄飾詐大智如此子我歸。屬徒攻闈與大門。皆不勝。乃出。陳氏追之。失道於弇中。適豐丘。豐丘人執之以告。殺諸郭關。宮中小門曰闈大門公門也子我不得入歸而聚徒攻公門欲得公也弇中狹路也豐丘陳氏邑郭關齊關名成子將殺大陸子方。陳逆請而免之。以公命取車於道。及耏。衆知而東之出雍門陳豹與之車弗受曰逆爲余請豹與余車余有私焉事子我而有私於其讐何以見魯衛之士東郭賈奔衛大陸子方子我臣子方矯公命取道中行人車行及形地衆知矯命遂奪其車子方弃車東趍雍門齊城門逆爲請豹與車見陳氏務施而子方弗受車亦以義距也東郭賈即子方爲去聲庚辰陳恒執公于舒州公曰吾早從鞅之言不及此恒即成子諸御鞅謂陳闞不可竝故悔不誅陳氏○宋桓魋之寵害於公公使夫人驟請享焉而將討之未及魋先謀公請以鞍易薄公曰不可薄宗邑也乃益鞍七邑而請享公焉以日中爲期家備盡往公知之告皇野曰余長魋也今將禍余請即救司馬

子仲曰有臣不順神之所惡也而況於人乎敢不承命不得左師不可請以君命召之桓魋恃寵驕盈爲公室之患夫人景公母也使之數請享於魋示親愛使不忌也鞍魋邑薄公邑欲因易邑享公而作亂宗邑宗廟所在故不與而益以他邑魋僞喜於受賜而請享公爲甲兵之備皇野司馬子仲也長謂自少長育之左師魋兄向巢也長上聲左師每食擊鐘聞鐘聲公曰夫子將食既食又奏公曰可矣以乘車往曰迹人來告曰逢澤有介麇焉公曰雖魋未來得左師吾與之田若何君憚告子野曰嘗私焉君欲速故以乘車逆子與之乘至公告之故拜不能起司馬曰君與之言公曰所難子者上有天下有先君對曰魋

之不共宋之禍也敢不唯命是聽。奏奏樂也可可召也自曰迹人以下至逆子仲設爲之辭迹人迹禽獸者逢澤在今河南府城東北介大也彈告子不欲以遊戲煩大臣也嘗試也司馬即子仲與之言相與爲要誓也公言難不及子因指天與先君爲誓麕音均共音恭司馬請瑞焉。以命其徒攻桓氏。其父兄故臣曰不可。其新臣曰。從吾君之命。遂攻之。子頎騁而告桓司馬。司馬欲入。子車止之曰。不能事君而又伐國。民不與也。祗取死焉。向魋遂入于曹以叛。瑞發兵符節也桓氏向魋也故臣新臣皆臣於司馬者君謂司馬子頎桓魋弟桓司馬即魋也入謂入攻公子車亦魋弟襄八年宋滅曹以爲巳邑巳故魋入而據之以叛頎音祈六月。使左師巢伐之。欲質大夫以入焉。不能。亦入于曹取質。魋曰不可既不能事君又得罪于民將若之何乃舍之民遂叛之向魋奔衛向巢來奔宋公使止之曰寡人與子有言矣不可以絶向氏之祀辭曰臣之罪大盡滅桓氏可也若以先臣之故而使有後君之惠也若臣則不可以入矣巢不能克魋恐公怒欲得國內大夫爲質以入于國不得亦入曹劫曹人子弟而質之欲以自固質音致司馬牛致其邑與珪焉而適齊向魋出於衛地公文氏攻之求夏后氏之璜焉與之他玉而奔齊陳成子使爲次卿司馬牛又致其邑焉而適吳吳人惡之而反趙簡子召之陳成子亦召之卒於魯郭門之外阬氏葬諸

丘輿。牛桓魋弟孔子弟子珪守邑符信公文氏衛大夫璜寶玉也牛義不與魋同國轉徙而卒阬氏魯人丘輿在今山東泰安州竟杜預氏云錄其卒葬所在愍賢者失所也璜音黃惡烏去○

甲午齊陳恒弒其君壬于舒州。孔丘三日齊，而請伐齊三。公曰：魯為齊弱久矣，子之伐之將若之何。對曰：陳恒弒其君，民之不與者半。以魯之衆加齊之半，可克也。公曰：子告季孫。孔子辭。退而告人曰：吾以從大夫之後也，故不敢不言。壬簡公也齊齋戒也三三次言之辭不告也孔子嘗為大夫而去故云後齊音齋○程子曰此非孔子之言誠若此言是以力不以義也若孔子之志必將正名其罪上告天子下告方伯而率與國以討之至於所以勝齊者孔子之餘事也豈計魯人之衆寡哉○孫應鰲氏曰請伐齊實事以吾從大夫之後實言獨以魯之衆加齊之半爲僞爾此所言與冉有告季氏魯之群室衆於齊之兵車何異○初孟孺子洩將圍馬於成成宰公孫宿不受曰孟孫爲成之病不圍馬焉孺子怒襲成從者不得入乃反成有司使孺子鞭之洩孟懿子之子孟武伯也圍畜養也成孟氏邑病謂民貧困成有司以事使人於孟氏孺子恨恚鞭成使人爲去聲從使並去聲秋八月辛丑孟懿子卒成人奔喪弗內袒免哭于衢聽共弗許懼不歸聽共聽命供使也不歸不敢歸成也杜預氏云二家陪臣惟孟氏之臣能盡忠而必迫之使叛非其罪也內音納免音問共音恭

經辛酉十有五年齊平公元年春王正月成叛○夏五月齊高無平出奔北燕無傳○鄭伯伐宋無傳○秋八月大

雩。無傳○晉趙鞅帥師伐衛。無傳○冬，晉侯伐鄭。無傳○
及齊平。○衛公孟彄出奔齊。無傳

傳十五年春，成叛于齊。武伯伐成，不克，遂城輸。城輸以偪成也○夏，楚子西、子期伐吳，及桐汭。陳侯使公孫貞子弔焉，及良而卒。將以尸入吳。吳子使大宰嚭勞，且辭曰：以水潦之不時，無乃廩然隕大夫之尸，以重寡君之憂。寡君敢辭。桐水名，在今南直隸廣德州。竟弔，弔吳之被兵也。良，吳地。廩然，輕動貌。隕，隊也。吳不欲以尸入，故托言值水潦難濟，恐隕其尸，為重憂，以辭。勞，力報反。上
介芊尹蓋對曰：寡君聞楚為不道，荐伐吳國，滅厥民人。寡君使蓋備使，弔君之下吏。無祿，使人逢天

之感大命隕隊。絕世于良廢。日共積。一日遷次。今君命逆使人曰。無以尸造于門。是我寡君之命。委于草莽也。且臣聞之曰。事死如生。禮也。於是乎有朝聘而終。以尸將事之禮。又有朝聘而遭喪之禮。若不以尸將命。是遭喪而還也。無乃不可乎。以禮防民。猶或踰之。今大夫曰。死而弃之。是弃禮也。其何以爲諸侯主。先民有言曰。無穢虐士。備使奉尸將命。苟我寡君之命。達于君所。雖隕于深淵。則天命也。非君與涉人之過也。蓋陳大夫貞子之上介荐重也備猶充也不敢斥尊故云下吏貞子已死故云無祿感憂也絕世猶言弃世也良即前良地廢曰廢行道之曰共積共具殯斂所積之用也一日卽遷不敢留君命也委委頓也聘禮若賓死未將命則既斂於棺造於朝以將命虐士謂死者無穢不以爲穢也涉人謂舟人濟涉者大宰嚭以隕尸爲辭故蓋言苟得奉尸以達君命雖隕於淵無悔也[芋]音踰[共]音供

吳人内之。杜預氏云傳言芋尹蓋知禮[内]音納

○秋。齊陳瓘如楚。過衛。仲由見之。曰。天或者以陳氏爲斧斤。既斲喪公室。而他人有之。不可知也。其使終饗之。亦不可知也。若善魯以待時。不亦可乎。何必惡焉。瓘陳恒之兄子玉也仲由卽子路公室齊也饗饗食有齊國也惡惡與魯爲惡也仲由事孔子故爲魯言

子玉曰。然。吾受命矣。子使告我弟。弟卽成子瓘言吾已受命使楚不得與齊事子可使人告吾弟恒

冬。及齊平。子服景伯如齊。子贛爲介。見公孫成。曰。人皆臣人。而有背

人之心。况齊人雖爲子役。其有不貳乎。子。周公之孫也。多饗大利。猶思不義。利不可得。而喪宗國。將焉用之。成子曰。善哉。吾不早聞命。齊自艾陵之戰怨魯已久此又納魯叛臣感子路與陳瓘之言始與魯平介副也成卽成宰公孫宿奔齊者子貢言凡人皆臣事於人當一心以事君而子已有背魯之心矣况他國齊人雖爲子役豈有不學子而爲叛者乎宿爲魯公孫故云周公之孫不義謂叛魯喪宗國謂以邑入齊陳成子館客。曰。寡君使恒告曰。寡人願事君如事衛君。景伯揖子贛而進之。對曰。寡君之願也。昔晉人伐衛。齊爲衛故伐晉冠氏。喪車五百。因與衛地自濟以西。禚媚杏以南書社五百。吳人加敝邑以亂。齊因其病。取讙與闈寡君是以寒心若得視衛君之事君也則固所願也（客謂景伯子贛時衛與齊同好故云願事魯君如事衛君晉伐衛在定八年齊伐晉在定九年禚媚杏齊三邑二十五家爲一社書籍書而致之也吳加亂在八年寒心恐懼也言齊待衛厚待魯薄若齊之待魯得比於衛固魯之所深願也［爲］去聲［禚］音灼）成子病之乃歸成公孫宿以其兵甲入于嬴（病之以其言爲己病也嬴齊邑入嬴避魯也杜預氏云傳見仲尼之徒皆忠於魯國）○衛孔圉取大子蒯聵之姊生悝孔氏之豎渾良夫長而美孔文子卒通於內大子在戚孔姬使之焉大子與之言曰苟使我入獲國服冕乘軒三死無與與之盟爲請於伯姬閏月良夫與大子入舍於孔氏之外圃昏二人蒙衣

而乘。寺人羅御。如孔氏。孔氏之老欒寧問之。稱姻妾以告。遂入。適伯姬氏。旣食。孔伯姬杖戈而先。大子與五人介。輿豭從之。迫孔悝於廁。强盟之。遂刧以登臺。(孔圉文子也蒯聵姊即孔伯姬豎小臣也内即伯姬大子二年居戚孔姬使良夫請大子所與之言與要言也冕大夫服軒大夫車三欸欸罪三也二人大子與良夫蒙衣服婦人服也御御車也老家臣也姻妾自謂婚姻家妾也介被甲也輿載也豭牡豕也載豕欲以盟也孔氏專政故刧孔悝登臺欲令逐輒〔取〕音娶〔悝〕音恢〔長〕張上〔使〕去聲〔豭〕音加)欒寧將飲酒。炙未孰。聞亂。使告季子。召獲駕乘車。行爵食炙。奉衛侯輒來奔。季子將入。遇子羔將出。曰。門已閉矣。季子曰。吾姑至焉。子羔曰。弗及。不踐其難。季子曰。食焉不辟其難子羔遂出子路入及門公孫敢門焉曰無入爲也季子曰是公孫也求利焉而逃其難由不然利其祿必救其患有使者出乃入曰大子焉用孔悝雖殺之必或繼之且曰大子無勇若燔臺半必舍孔叔大子聞之懼下石乞盂黶敵子路以戈擊之斷纓子路曰君子死冠不免結纓而死孔子聞衛亂曰柴也其來由也死矣季子子路也爲孔氏邑宰召獲衛大夫駕乘車且飲酒不欲戰也輒即出公子羔衛大夫高柴也孔子弟子姑至且欲至公也子羔言政不及已不與其難故出季子言既食其祿宜與其難故入門焉守門也無入爲言輒已出無爲復入也公孫公孫敢也求利謂求爵祿繼之言已必繼孔悝爲難以攻大子燔燒也孔叔即孔

悝不乞盂黶犬子之黨下使之下臺也敵當也冠不免不使冠免在地也結綿整也【召】音邵【遮】遮去【難】去聲【辟】音避【使】去聲○愚按蒯聵欲殺南子激於羞忿與篡弒者亦稍殊科且靈公未有廢命輒乃其子焉得拒之如兩敵然夫子嘗曰必也正名乎設使夫子而爲政當使輒以國讓父而身爲犬子蒯聵不仁既已受國於輒寧有廢之而立疾之理其事甚易而子路以爲迂所以有絶纓之難

孔悝立莊公。莊公害故政。欲盡去之。先謂司徒瞞成曰。寡人離病于外久矣。子請亦嘗之。歸告褚師比。欲與之伐公。不果。莊公即蒯聵故政故執政之臣即瞞成褚師比是也離遭也病困苦也嘗試也杜預氏云爲明年瞞成奔起

【經】壬戌 十有六年。春。王正月。己卯。衛世子蒯聵自戚入于衛。○衛侯輒來奔。書春從告也 ○二月。衛子還成出

奔宋。還成郎瞞成〇夏四月己丑孔丘卒。魯臣見爲卿乃書卒仲尼既告老去位猶書卒者魯之君臣宗其聖德殊而異之故特命史官使書其卒仲尼生於襄二十二年至今益七十三年〇孔穎達氏曰孔子作春秋終于獲麟之一句弟子欲記聖師之卒故採魯史記以續夫子之經而終於此丘明因隨而作傳終於哀公從此以下無復經矣

【傳】十六年春。瞞成。褚師比出奔宋。衛侯使鄢武子告于周曰。蒯聵得罪于君父君母。逋竄于晉。晉以王室之故。不棄兄弟。寘諸河上。天誘其衷。獲嗣守封焉。使下臣肸敢告執事。成比欲伐莊公不果故奔鄢武子衛大夫肸也河上戚邑王使單平公對曰。肸以嘉命來告余一人。往謂叔父。余嘉乃成世。復爾祿次。敬之哉。方天之休。弗

敬弗休悔其可追平公𦟸武公子叔父謂蒯聵成世繼其先世也復文還居爾君之祿次也方休天之休美方始也未復申戒之單音善○夏四月己丑孔丘卒公誄之曰旻天不弔不憖遺一老俾屏余一人以在位煢煢余在疚嗚呼哀哉尼父無自律誄累也累列生特行迹讀之以作謚也作覆閔下故稱旻天弔恤憖強也老國老也屏蔽疚病也律法也言我無以爲法也[誄]音壘[煢]音瓊[父]音甫○愚按哀公受制季孫不能尊用孔子皆亦甚美然於孔子之誄則知哀而於康子之弔則爲之降禮一念之明固自不可泯者子贛曰君其不沒於魯乎夫子之言曰禮失則昏名失則愆失志爲昏失所爲愆生不能用死而誄之非禮也稱一人非名也君兩失之昏亂愆過也天子自稱一人諸侯不得稱故云失名失禮

失名故知不沒于魯其後果孫於越○六月衛侯飲孔悝酒於平陽重酬之大夫皆有納焉醉而送之夜半而遣之載伯姬於平陽而行及西門使貳車反祏於西圃平陽今北直隸滑縣東南有平陽城納財賄也夜遣者慙負之不欲令人見也西門平陽之西門貳車副車也反還也祏藏主石函也西圃孔氏廟所在悝使副車還取廟主以出祏音石子伯季子初爲孔氏臣新登于公請追之遇載祏者殺而乘其車許公爲反祏遇之曰與不仁人爭明無不勝必使先射射三發皆遠許爲許爲射之殪或以其車從得祏於橐中登升也家臣升爲衛大夫許公爲人姓名子伯忌舊恩而追殺載祏者悝怪載祏者久不來使公爲反逆之遇子伯不仁人謂子伯明無不勝言天道甚明我

必勝之必使子伯先射欲以驗天理也車副車從從公爲也杜預氏云傳言子伯不仁所以敗〔射〕音石〔橐〕音托孔悝出奔宋○楚大子建之遇讒也自城父奔宋又辟華氏之亂於鄭鄭人甚善之又適晉與晉人謀襲鄭乃求復焉鄭人復之如初晉人使諜於子木請行而期焉子木暴虐於其私邑邑人訴之鄭人省之得晉諜焉遂殺子木大子建奔宋在昭十九年辟亂於鄭在昭二十年復復鄭也諜閒諜也子木即建也請行而期請行襲鄭之期也省察也〔辟〕〔龔〕俱去聲〔諜〕徒叶反其子曰勝在吳子西欲召之葉公曰吾聞勝也詐而亂無乃害乎子西曰吾聞勝也信而勇不爲不利舍諸邊竟使衞藩焉葉公曰周仁之謂

信率義之謂勇吾聞勝也好復言而求死士殆有私乎復言非信也期死非勇也子必悔之弗從葉公即子高沈諸梁也害自貽害也周仁親近仁人也率義循行義事也復言言必求復也死士敢死之士私私謀復讐也期必也【葉】音析【好】去聲召之使處吳竟爲白公請伐鄭子西曰楚未節也不然吾不忘也他日又請許之未起師晉人伐鄭楚救之與之盟勝怒曰鄭人在此讐不遠矣勝自厲劍子期之子平見之曰王孫何自厲也曰勝以直聞不告女庸爲直乎將以殺爾父平以告子西子西曰勝如卵余翼而長之楚國第我死令尹司馬非勝而誰勝聞之曰令尹

之狂也得死乃非我白楚邑公邑宰也今河南息縣有白公城勝欲爲父報讎故請伐鄭節節制也言楚國新復政令猶未得節制也不忘不忘女讐也勝以子西黨鄭故云鄭人在此比子西爲鄭人言欲殺之也厲磨厲也翼覆翼也長育也以喻已以愛育勝也第次第也言楚國用人自有次第我若死必用勝爲此官不須作亂也白公以子西不憂死而憂我之官故謂其爲狂而言令尹若得其死其官豈他人敢爲而非我耶設令尹得良死我乃不復爲人誓必殺之也【女】音汝【長】張上子西不悛勝謂石乞曰王與二卿士皆五百人當之則可矣乞曰不可得也曰市南有熊宜僚者若得之可以當五百人矣乃從白公而見之與之言說告之故辭承之以劍不動勝曰不爲利諂不爲威惕不洩人言以求媚者去之吳人伐慎

白公敗之。請以戰備獻。許之。遂作亂。秋。七月。殺子西子期于朝。而刼惠王。子西以袂掩面而死。子期曰。昔者吾以力事君。不可以弗終。抉豫章以殺人而後死。悛改也一曰懼也石乞勝之徒二卿士謂子西子期不可得言五百人不易得也市南居市之南謚相謚也辭辭其事也承之劍稱劍指其喉也勝告之必許其爵故云不為利而諂承以劍不動故云不為威而懼勝謂此人必不泄漏人言以求媚者故棄而去之慎楚邑今南直隸廬州東北有慎城戰備謂吳戰所得鎧杖兵器獻之欲因作亂也以袂掩面慙於葉公故也終謂終於所事豫章大木也抉以殺人效其多力也〔謚〕音悛〔抉〕音越石乞曰。焚庫弒王。不然不濟。白公曰。不可。弒王不祥。焚庫無聚。將何以守矣。乞曰。有楚國而治其民。以敬事神。可以得祥。

且有聚矣何患弗從焚庫以息覬覦弒王以絶群望勝志止於復讐故弗從葉公在蔡方城之外皆曰可以入矣子高曰吾聞之以險徼幸者其求無饜偏重必離聞其殺齊管修也而後入蔡遷州來楚幷其地故葉公居之入謂討白公徼求也饜足也言行險圖幸者多求於人人必不堪辟之物偏重則離散欲須其斃而討之管修楚賢大夫管仲之後子高聞其殺賢知其可討而後入徼音澆饜厭去○愚按白公殺子西子期而刼惠王國之安危不謀朝夕乃葉公欲乘間而後入也有如無殺齊管修者將遂不入乎而彼二卿一君者豈顧不足重歟子高之見亦迂矣世有釋賊弗討而諉曰吾姑有待焉斯言啓之

白公欲以子閭爲王子閭不可遂刼以兵子閭曰王孫若安靖楚國匡正王室而後庇焉啓之願也敢不聽從若將專

利以傾王室不顧楚國有死不能遂殺之而以王如高府子閭平王子啓名王孫謂白公庇謂庇覆及於我也不能不能從也高府楚別府石乞尹門圉公陽穴宮負王以如昭夫人之宮尹門高府之門尹也圉公陽楚大夫穴其宮而以王出昭夫人惠王母也葉公亦至及北門或遇之曰君胡不胄國人望君如望慈父母焉盜賊之矢若傷君是絶民望也若之何不胄乃胄而進又遇一人曰君胡胄國人望君如望歲焉日日以幾若見君面是得艾也民知不死其亦夫有奮心猶將旌君以徇於國而又掩面以絶民望不亦甚乎乃免胄而進君謂葉公胄戴胄而進也歲年穀也幾冀望也艾安也有

奮心有奮發討賊之心旌表徇告也掩面謂戴冑杜預氏云傳言葉公得民心遇箴尹固。帥其屬將與白公。子高曰。微二子者。楚不國矣。棄德從賊。其可保乎。乃從葉公。使與國人以攻白公。固箴尹名與猶黨也二子謂子西子期定四年柏舉之敗二子有功最多德謂二子賊謂白公保保其終而從之也〔幾〕音冀白公奔山而縊。其徒微之。生拘石乞。而問白公之死焉。對曰。余知其死所。而長者使余勿言。曰。不言將烹。乞曰。此事也。克則爲卿。不克則烹。固其所也。何害。乃烹石乞。王孫燕奔頯黃氏。微匿也長者謂白公燕白公弟頯黃吳地〔頯〕音夔沈諸梁兼二事。國寧。乃使寧爲令尹。使寬爲司馬。而老於葉。二事令尹司馬也國寧國安也寧子西子寬子期子授二子位而歸老亦要其後言之。○蘇軾氏曰子高於白公之未亂也知其不可近及其既亂也奉兵而入罪人斯得而楚國以定可以言知矣使葉公因惠王之復而身爲令尹以行楚國之政楚豈有間言哉追念子西子期之功以其子爲令尹司馬而身老於葉有存國之勞而不享有國之利於是可以言仁矣然終不能用孔子使聖人之效不見於當世豈仁雖能守而未暇由禮歟○衛侯占夢嬖人求酒於大叔僖子。不得。與卜人比。而告公曰。君有大臣在西南隅。弗去。懼害。乃逐大叔遺。遺奔晉。夢嬖謂以能占夢見嬖者僖子大叔遺也比合也遺所居在西南隅故托占卜夢而暗揹遺爲公害公信而逐之○衛侯謂渾良夫曰。吾繼先君。而不得其器。若之何。良夫代執火者而言曰。疾與亡君皆君之子也。召之而擇材焉可也。

若不材。器可得也。豎告大子。大子使五人與豭從已。劫公而強盟之。且請殺良夫。公曰。其盟免三死。曰。請三之後有罪殺之。公曰。諾哉。國之寶器輒皆持去故竇不得器良夫將審謀故屏執火者而代之疾大子疾也亾君出公輒也擇其材則立之若不材則廢之而寶得豎小臣疾恨良夫爲公謀恐其見廢故載豭爲盟牲強盟使必立已并與公爲期以殺良夫

春秋左傳註評測義卷之六十八　終

春秋左傳註評測義卷之六十九

明吳興後學凌稚隆輯著

附録　哀公五

傳　癸亥　十七年春衛侯爲虎幄於藉圃成求令名者而與之始食焉大子請使良夫良夫乘衷甸兩牡紫衣狐裘至袒裘不釋劍而食大子使牽以退數之以三罪而殺之（衛侯於藉田之圃新造幄幕皆以虎豹爲飾既成欲求國之有美名者而與之食以落其成大子以良夫應之衷中也甸即乘也甸出車一乘今止乘兩牡故云衷甸紫衣君服服之不敬也既至食而熱故偏袒亦不敬也古者近君則解劍與君食而不釋劍亦不敬也三者偪僣于君故數爲三罪〔大〕音泰〔數〕上聲）○三月越子伐吳吳子禦

之笠澤。夾水而陳。越子爲左右句卒。使夜或左或右。鼓譟而進。吳師分以禦之。越子以三軍潛涉。當吳中軍而鼓之。吳師大亂。遂敗之。笠澤今太湖句卒鉤伍相著也越子使左右句卒乘夜鳴鼓譟而進明爲聲勢以分吳軍而潛以三軍精卒并力以擊吳之中軍故吳不能支而敗　陳音陣　禦音御

○晉趙鞅使告于衛曰。君之在晉也。志父爲主。請君若太子來。以免志父。不然。寡君其曰。志父之爲也。衛侯辭以難。太子又使椓之。志父趙鞅別名言昔衛君奔晉我實主之請或君或太子來朝謝晉以免己于罪不然我晉君其將謂己教使衛君不來也難患難也椓有伺偪意太子欲速得父位故使人椓譖莊公於晉　太音泰　難去聲　椓音琢

夏。六月。趙鞅圍衛。齊國觀陳瓘救衛。得晉人

之致師者子玉使服而見之曰國子實執齊柄而命瓘曰無辟晉師豈敢廢命子又何辱。觀，國書之子。瓘，陳瓘之兄子玉也。晉使人致齊師，齊因而得之。子玉使致師者釋囚服，服其不服而見之，言已受國子之命，必欲敵晉，不須來致師。時陳氏謀齊，故駕怨于國氏。瓘音貫。辟音避。簡子曰我卜伐衛未卜與齊戰乃還。畏子玉，故還師。○楚白公之亂陳人恃其聚而侵楚楚既寧將取陳麥楚子問帥於大師子穀與葉公諸梁子穀曰右領差車與左史老皆相令尹司馬以伐陳其可使也子高曰率賤民慢之懼不用命焉子穀曰觀丁父鄀俘也武王以爲軍率是以克州蓼服隨唐大啓群蠻彭仲爽申俘也文王以爲令尹實縣申息朝陳蔡封畛於汝唯其任也何賤之有聚積聚也差車爲右領官老爲左史官二子嘗從子西子期伐陳習陳事率賤言非卿也觀丁父楚武王時人克鄀獲之啓開辟也彭仲爽楚武王時人克申獲之縣申息滅申息爲縣也封封疆也開封疆曰畛至汝水也任當其任也【舜】音攝【相】去聲【率】音帥子高曰天命不謟令尹有憾於陳天若亡之其必令尹之子是與君盍舍焉臣懼右領與左史有二俘之賤而無其令德也王卜之武城尹吉使帥師取陳麥陳人御之敗遂圍陳秋七月己卯楚公孫朝帥師滅陳謟疑也十五年子西伐吳陳使貞子弔故令尹憾陳與與之以爲功也舍舍右領左史不用也二俘謂觀丁父彭仲爽武城尹卽令尹子公孫朝傳終鄭裨竈言又鶉火

陳辛亾（舍）音捨（御）音禦（畛）之忍反

王與葉公枚卜子良以爲令尹沈尹朱曰吉過於其志葉公曰王子而相國過將何爲他日改卜子國而使爲令尹枚卜不斥言所卜事也子良惠王弟志望也過將何爲言相將爲王也子國子西弟寧也（相）去聲

○衛侯夢于北宮見人登昆吾之觀被髮北面而譟曰登此昆吾之虛緜緜生之瓜余爲渾良夫叫天無辜衛遷帝丘夏昆吾嘗居之後有觀在上今北直隷開州有昆吾臺緜緜瓜初生也良夫喻已有以小成大之功若瓜之初生謂使衛侯得國也良夫與衛侯盟當三次免死而大子并數一時之事爲三罪殺之故自謂無辜公親筮之胥彌赦占之曰不害與之邑寘之而逃奔宋衛侯貞卜其繇曰如魚竀尾衡流而方羊

裔焉大國滅之將亡闔門塞竇乃自後踰胥彌赦衛大史衛侯無道卜人不以實對故云無害賓置也置其邑弗受而逃貞正也正卜夢之吉凶也竀赬赤也魚勞則尾赤衡橫也方羊與彷徉同不安意言莊公將若此魚也大國謂晉與衛同姓故云裔焉踰越也如魚以下皆繇辭(竀)音赬(衡)音橫(方)音傍冬十月晉復伐衛入其郛將入城簡子曰止叔向有言曰怙亂滅國者無後衛人出莊公而與晉平晉立襄公之孫般師而還夏晉圍衛未得志而還故復伐衛簡子引叔向之言止而不入城不欲乘人之衰也(般)音班十一月衛侯自鄄入般師出初公登城以望見戎州問之以告公曰我姬姓也何戎之有焉翦之公使匠久公欲逐石圃未及而難作辛巳石圃因匠氏攻

公。公閉門而請。弗許。踰於北方而隊。折股。戎州人攻之。大子疾。公子青踰從公。戎州人殺之。公入于戎州己氏。初。公自城上見己氏之妻髮美。使髡之。以爲呂姜髢。旣入焉。而示之璧。曰。活我。吾與女璧。己氏曰。殺女。璧其焉往。遂殺之而取其璧。衛人復公孫般師而立之。戎州戎邑今山東曹縣有楚丘城翦壞其邑聚也久不休息也石圃衛卿請請免也踰走也北方北宮之後貞卜乃自後踰之言至是果驗青疾弟也己氏戎人姓髡剃其髮也呂姜莊公夫人髢髲也[難]去聲[隊]音墜[折]之設反[大]音泰[髢]大計反[女]音汝[般]音班

十二月。齊人伐衛。衛人請平。立公子起。執般師以歸。舍諸潞。起靈公子潞齊邑　○公會齊侯盟于蒙。孟武伯

相。齊侯簡公弟平公鶩也蒙魯地今爲山東蒙陽縣〔相〕去聲齊侯稽首。公拜。齊人怒。武伯曰。非天子。寡君無所稽首。稽首以首至地也武伯言稽首乃事天子之禮故公不答武伯問於高柴曰。諸侯盟。誰執牛耳。季羔曰。鄫衍之役。吳公子姑曹。發陽之役。衛石魋。武伯曰。然則彘也。執牛耳謂尸盟者季羔卽高柴鄫衍在七年發陽鄭地在十二年彘武伯名鄫衍以大國而執發陽以小國而執執禮無常故武伯自以爲可執○宋皇瑗之子麇有友曰田丙。而奪其兄鄸般邑以與之。鄸般慍而行。告桓司馬之臣子儀克。子儀克適宋。告夫人曰。麇將納桓氏。公問諸子仲。初。子仲將以杞姒之子非我爲子。麇曰。必立伯也。是良材。子仲怒弗從故對曰右師則老矣不識麇也公執之皇瑗奔晉召之（瑗宋右師子儀克時在下邑不與魋之亂故爲鄭般譖麇將納魋等子仲卽皇野瑗之族杞女姒姓子仲妻也非我杞姒子名爲子爲適子也伯非我之兄子仲以麇不順已故怒對對公問也言右師老不能爲亂麇則不可保公于是執麇還瑗〔麇〕音君〔鄭〕音挽）

【傳】（甲子）十八年春宋殺皇瑗公聞其情復皇氏之族使皇緩爲右師（前年瑗奔晉宋召還而殺之情情實也緩瑗從子杜預氏云傳言宋景公無常）○巴人伐楚圍鄾初右司馬子國之卜也觀瞻曰如志故命之及巴師至將卜帥王曰寧如志何卜焉使帥師而行請承王曰寢尹工尹勤先君者也三月楚公孫寧吳由于遠固敗巴師于鄾故封

子國於析。巴近楚小國鄾楚邑觀瞻楚開卜大夫子國未爲令尹時卜爲右司馬得吉兆如其志故以爲右司馬寧子國名王言巳卜寧如志不必再卜承佐也寢尹由于以背受戈工尹薳固執燧象奔吳師皆爲先君勤勞者析楚邑〔鄾〕音憂君子曰。惠王知志。夏書曰。官占唯能蔽志。昆命于元龜。其是之謂乎。志曰。聖人不煩卜筮。惠王其有焉。知志知用其志夏書大禹謨篇官占筮卜之官蔽斷昆後也言當先斷以志後命之以龜志古書言聖人不疑故不卜○夏。衛石圃逐其君起。起奔齊。衛侯輒自齊復歸。逐石圃而復石魋與大叔遺。起爲齊所立故奔齊石魋大叔遺皆贖所逐故輒復之〔大〕音泰

【傳】乙丑十九年春。越人侵楚。以誤吳也。誤吳使不設備○夏。楚公子慶公孫寬追越師。至冥。不及。乃還。冥越地○秋

楚沈諸梁伐東夷三夷男女及楚師盟于敖伐東夷報越也從越之夷三種故云三夷敖東夷地○冬叔青如京師敬王崩故也叔青叔還子

傳丙寅二十年春齊人來徵會夏會于廩丘爲鄭故謀伐晉鄭人辭諸侯秋師還十五年晉伐鄭故齊爲鄭謀報伐晉爲去聲○吳公子慶忌驟諫吳子曰不改必亡弗聽出居于艾遂適楚聞越將伐吳冬請歸平越遂歸欲除不忠者以說于越吳人殺之驟數也不改言不修德也艾吳地除不忠者內以靖其國外駕罪焉以解說于越杜預氏云言其不量力說如字○十一月越圍吳趙孟降於喪食楚隆曰三年之喪親暱之極

也。主又降之，無乃有故乎。趙孟曰。黃池之役，先主與吳王有質曰。好惡同之。今越圍吳，嗣子不廢舊業而敵之。非晉之所能及也。吾是以爲降。趙孟襄子無恤也時有父簡子之喪飲食又殺于居喪楚隆襄子家臣黃池會在十二年先主謂簡子質盟信也嗣子于襄子自言已欲繼父志敵越救吳然吳晉相距甚遠非晉所能及也楚隆曰。若使吳王知之，若何。趙孟曰。可乎。隆曰。請嘗之。乃往。先造于越軍曰。吳犯間上國多矣。聞君親討焉。諸夏之人莫不欣喜。唯恐君志之不從。請入視之。許之。告于吳王曰。寡君之老無恤使陪臣隆敢展謝其不共。黃池之役，君之先臣志父得承齊盟曰。好惡同之。今君在難。無恤不敢憚勞。非晉國之所能及也。使陪臣敢展布之。嘗試也。問離也。不從不遂也。隆欲入見吳王恐越不聽故僞辭以說越人而得入視視其動息也展陳也志父簡子名齊盟齊一之盟(共)音恭(好)(惡)俱去聲(難)去聲王拜稽首曰。寡人不佞。不能事越。以爲大夫憂。拜命之辱。與之一簞珠。使問趙孟曰。句踐將生憂寡人。寡人死之不得矣。王曰。溺人必笑。吾將有問也。史黯何以得爲君子。對曰。黯也進不見惡。退無謗言。王曰。宜哉。簞小笥。問遺也。生憂生受其憂。史黯晉大史。昭三十二年吳伐越晉史黯言不出四十年越必有吳吳王感其言將問其人先自喻以所問不急如陷溺者不知將溺而反笑隆言黯進退咸宜於人所以有君子之名(簞)音丹

傳丁卯二十一年夏五月越人始來。越既勝吳欲霸中國故遣使適魯

○秋八月公及齊侯邾子盟于顧齊人責稽首因歌之曰魯人之皋數年不覺使我高蹈唯其儒書以爲二國憂顧齊地十七年齊侯爲公稽首不見答故責之皋緩也高蹈猶遠行也二國齊邾也言魯人皋緩數年不知答齊稽首故使我遠行來爲此會惟魯據周禮所以不肯見答致令爲齊邾之憂爾

是行也公先至于陽穀齊閭丘息曰君辱舉玉趾以在寡君之軍羣臣將傳遽以告寡君比其復也君無乃勤爲僕人之未次請除館於舟道辭曰敢勤僕人息閭丘明後先至齊地故云在寡君之軍傳傳車遽驛騎也僕人魯君從者次舍除治也舟道齊地息以魯侯在齊齊侯不能即至欲爲魯除館而魯辭之敢不敢

也〔傳〕中戀反〔比〕必利反〔爲〕去聲

〔傳〕戊辰二十二年夏四月。邾隱公自齊奔越曰。吳爲無道。執父立子。越人歸之。大子革奔越。八年邾隱公爲吳所囚十年奔齊執父隱公也立子革子也○冬十一月丁卯。越滅吳。請使吳王居甬東。辭曰。孤老矣。焉能事君。乃縊。越人以歸。甬東越地在今浙江定海縣竟以歸以其尸歸杜預氏云終史墨子胥之言國語云越師入吳吳王懼使人行成句踐曰昔天以越賜吳而吳不受今天以吳賜越孤敢不聽天之命而聽君之命乎夫差將死使人告於子胥墓曰使死者無知則亦已矣若其有知也吾何面目以見員也哉遂自殺〔甬〕音勇○愚按吳之於越其強弱不敵明甚然吳以強而卒亾越以弱而卒興善乎范蠡有云持盈者與天定傾者與人蓋夫差拙於持盈而句踐工於定傾興亾之際職故之以強弱又奚論焉傳巳巳二十三年春宋景曹卒季康子使冉有弔且送葬曰敝邑有社稷之事使肥與有職兢焉是以不得助執紼使求從輿人曰以肥之得備彌甥也有不腆先人之產馬使求薦諸夫人之宰其可以稱旌繁乎景曹宋元公夫人景公母小邾女曹氏也社稷之事謂祭祀肥康子名兢遽也求冉有名輿衆也彌甥曹外甥康子父桓子於景公爲親甥故康子致辭于景公自稱彌甥薦進也宰宰夫稱舉也繁馬飾繁纓也言可以舉繁纓之用一曰稱去聲謂宋喪車之旌繁不知魯馬能稱不也杜預氏云傳終樂祁之言政在季氏(與)音預紼音弗〇夏六月晉荀瑤伐齊高無丕帥師御之知伯視齊師馬駭遂驅之曰齊人知余旗其謂余畏而反也及壘而還將戰長武

子請卜。知伯曰。君告于天子。而卜之以守龜於宗祧。吉矣。吾又何卜焉。且齊人取我英丘。君命瑤非敢燿武也。治英丘也。以辭伐罪足矣。何必卜。壬辰。戰于犂丘。齊師敗績。知伯親禽顏庚。荀瑤荀躒之孫知伯襄子也高無丕齊卿視視其強弱也馬駭馬驚而逸也驅之乘馬駭而驅也長武子晉大夫治英丘治齊取英丘之罪犂丘齊地顏庚齊大夫顏涿聚也【知】音智 ○秋八月。叔青如越。始使越也。越諸鞅來聘。報叔青也。【使】去聲

【傳】庚午 二十四年夏四月。晉侯將伐齊。使來乞師。曰。昔臧文仲以楚師伐齊。取穀。宣叔以晉師伐齊。取汶陽。寡君欲徼福於周公。願乞靈於臧氏。臧石帥師

會之取廩丘軍吏令繕將進萊章曰君卑政暴往歲克敵今又勝都天奉多矣又焉能進是躛言也役將班矣晉師乃還（取穀在僖二十六年取汶陽在成二年晉以臧氏世勝齊故欲乞其威靈石臧賓如之子廩丘齊地繕治也晉之軍吏令治戰備將進攻之萊章齊大夫克敵謂禽顏庚勝都謂取廩丘躛猶過也過謬之言也躛乖去）饋臧石牛大史謝之曰以寡君之在行牢禮不度敢展謝之（饋牛謂以生牛餼之大史晉大史在行在軍行不度不知禮度展陳也杜預氏云傳終臧氏有後于魯大音泰）○郲子又無道越人執之以歸而立公子何何亦無道（何大子革弟杜預氏云傳終子貢之言）○公子荆之母嬖將以爲夫人使宗人釁夏獻其禮對曰無之公怒曰女爲宗

司立夫人國之大禮也何故無之對曰周公及武公娶于薛孝惠娶于商自桓以下娶于齊此禮也則有若以妾爲夫人則固無其禮也公卒立之而以荆爲大子國人始惡之荆哀公庶子宗人禮官釁夏名使獻立夫人之禮孝惠娶宋稱商避定公諱也惡惡公所爲女音汝大音泰惡去聲下同閏月公如越得大子適郢將妻公而多與之地公孫有山使告於季孫季孫懼使因大宰嚭而納賂焉乃止適郢越王句踐大子名得與公相得也有山魯臣嚭故吳臣季孫恐公因越討已故懼妻去聲

春秋左傳註評測義卷之六十九　終

春秋左傳註評測義卷之七十

明吳興後學凌稚隆輯著

附錄 哀公六

傳 辛未 二十五年夏五月庚辰衛侯出奔宋衛侯為靈臺于藉圃與諸大夫飲酒焉褚師聲子韤而登席公怒辭曰臣有疾異於人若見之君將㱿之是以不敢公愈怒大夫辭之不可褚師出公戟其手曰必斷而足聞之褚師與司寇亥乘曰今日幸而後亡此追敘其出奔之故靈臺落成故飲酒聲子名比亦蒯聵所逐古者臣見君解襪聲子著襪登席故公怒其不敬疾足瘡也㱿嘔吐也不敢不敢解也辭之共辭謝也戟其手屈小指以中三指如

戟形也而扠也乘共戟也幸而後亡以得匹爲幸也〔殼〕音磬

公之入也。奪南氏邑。而奪司寇亥政。公使侍人納公文懿子之車于池。初衛人翦夏丁氏。以其帑賜彭封彌子。彌子飲公酒。納夏戊之女嬖。以爲夫人。其弟期。大叔疾之從孫甥也。少畜於公。以爲司徒。夫人寵衰。期得罪。公使三匠久。公使優狡盟拳彌。而甚近信之。故褚師比。公孫彌牟。公文要。司寇亥。司徒期。因三匠與拳彌以作亂。皆執利兵。無者執斤。使拳彌入于公宮。而自大子疾之宮。譟以攻公。鄄子士請禦之。彌援其手曰。子則勇矣。將若君何。不見先君乎。君何所不逞欲。且君嘗在外矣。豈必不反。當今不可。衆怒難犯。休而易間也。南氏子南之子公孫彌牟也亥故知政者懿子公文要也丁氏即夏戊衛蘄夏戊在十一年彭封彌子即彌子瑕也期夏戊之子姊妹之孫爲從孫甥久不休也優俳優役其名拳彌衛大夫使優盟耻之也拳彌近信故得入宮疾已炊宮尚存故自太子疾之宮鄄子士衛大夫將若君何言不能救恐害公也先君蒯聵也以不速奔故爲戎州所殺彌欲令公早出也輒出奔嘗以十八年復歸故云豈必不反其國休而易間言衆怒休怠而後易間也從必間俱去聲乃出。將適蒲。彌曰。晉無信。不可。將適鄄。彌曰。齊晉爭我。不可。將適泠。彌曰。魯不足與。請適城鉏以鉤越。越有君。乃適城鉏。彌曰。衛盜不可知也。請速。自我始。乃載寶以歸。蒲近晉邑鄄齊晉界上邑泠近魯邑城鉏近宋邑宋

尙近越轉相鉤牽故云鉤越越有君謂句踐稱霸也彌又詐言衛將追公奪其寶請速行以避之已爲先發乃以寶歸衛蓋輒不知彌之詐故皆爲其所賣

公爲支離之卒。因祝史揮以侵衛。衛人病之。懿子知之。見子之。請逐揮。文子曰。無罪。懿子曰。彼好專利而妄。夫見君之入也。將先道焉。若逐之。必出於南門而適君所。夫越新得諸矦。將必請師焉。揮在朝。使吏遣諸其室。揮出。信。弗內。五日。乃館諸外里。遂有寵。使如越請師。

支離陳名揮衛祝史懿子卽公文要子之卽公孫彌牟要知揮爲内應故請逐之文子不知乃曰無罪彼謂揮夫亦謂揮要言揮貪妄君見君有入勢必先道而助之若逐出之必道南門而往君所請師皆揮之情而逆料之如此難面逐故先逐其家再宿爲信外里輒所在請師以伐衛求入也好去

聲丙音納○六月公至自越季康子孟武伯逆於五梧郭重僕見二子曰惡言多矣君請盡之公宴於五梧武伯爲祝惡郭重曰何肥也季孫曰請飲彘也以魯國之密邇仇讎臣是以不獲從君克免於大行又謂重也肥公曰是食言多矣能無肥乎飲酒不樂公與大夫始有惡五梧魯南鄙郭重魯臣爲公御惡言謂季孟不臣之言盡之請公盡察之也祝上壽酒也何肥憎其貌也飲罰也彘武伯名克能也大行遠行也言重隨君勞苦能免我遠行不宜稱肥訾毁之食言消食其言也公以三桓數食言之故反謂重食言而肥以激之君臣相猜如此大夫謂三桓杜預氏云爲二十七年公孫起

傳壬申二十六年夏五月叔孫舒帥師會越皋如后庸

宋樂茷納衛侯文子欲納之懿子曰君愎而虐少待之必毒於民乃睦於子矣師侵外州大獲出禦之大敗掘褚師定子之墓焚之于平莊之上文子使王孫齊私於皐如曰子將大滅衛乎抑納君而已乎皐如曰寡君之命無他納衛君而已文子致衆而問焉曰君以蠻夷伐國國幾亾矣請納之衆曰勿納曰彌牟亾而有益請自北門出衆曰勿出重賂越人申開守陴而納公公不敢入師還舒武叔之

子皐如后庸越二大夫樂茷宋司城子潞也衛侯輒也文子即彌牟愎很也睦民睦也師謂越師定子褚師比之父焚焚其尸也平莊陵名齊衛大夫王孫賈之子文子致衛之衆而兩問以觀衆心知

衆惡公而悅已乃申令開門登陴以守嚴設備以恐公使不得入茷音伏陴毗支反立悼公。南氏相之。以城鉏與越人。公曰。期則爲此。令苟有怨於夫人者報之。司徒期聘於越。公攻而奪之幣。期告王。王命取之。期以衆取之。公怒。殺期之甥之爲大子者。遂卒于越悼公蒯聵庶弟公子黚也南氏即公孫彌牟期司徒期也夫人期姊也公謂出公期則爲此言逐君之事由期爲之也輒怨期而不得加戮令宮女困苦其姊聘爲悼公聘也王謂越王大子期姊之子輒又忿期而無所洩弁殺其甥杜預氏云終效夷言夷于夷傳去聲相

○宋景公無子。取公孫周之子得與啓畜諸公宮。未有立焉。於是皇緩爲右師。皇非我爲大司馬。皇懷爲司徒。靈不緩爲左師。樂茷爲司城。樂

朱鉏爲大司寇。六卿三族降聽政。因大尹以達。大尹常不告。而以其欲稱君命以令。國人惡之。司城欲去大尹。左師曰。縱之。使盈其罪。重而無基。能無敝乎。周卿子高元公孫也得卿昭公啓其弟也皇懷非我從昆弟不緩子靈圍龜之後莪樂溷之子朱鉏樂輓之子三族皇靈樂也降降心而聽也大尹近官有寵者六卿因之以自通於君大尹常不告君而假公命以行私故致惡無基謂勢重無德以爲之基也冬。十月。公游于空澤。辛巳。卒于連中。大尹興空澤之士千甲。奉公自空桐入。如沃宮。使召六子。曰。聞下有師。君請六子畫。六子至。以甲劫之。曰。君有疾病。請二三子盟。乃盟于少寢之庭。曰。無爲公室不利。大尹立啓。奉喪殯于大宮三日而後國人知之司城茷使宣言于國曰大尹惑蠱其君而專其利今君無疾而死死又匿之是無他矣大尹之罪也（空澤宋邑連中館名千甲甲士千人奉公奉公之尸空桐宋地在河南虞城縣竟沃宮宋宮下謂下國畫謀計也大宮大廟也大尹之罪言爲所弑也大宮音泰）得夢啓北首而寢於盧門之外已爲鳥而集於其上咮加於南門尾加於桐門曰余夢美必立大尹謀曰我不在盟無乃逐我復盟之乎使祝爲載書六子在唐盂將盟之祝襄以載書告皇非我皇非我因子潞門尹得左師謀曰民與我逐之乎皆歸授甲使徇于國曰大尹惑蠱其君

以陵虐公室與我者救君者也。衆曰與之。大尹徇曰戴氏皇氏將不利公室與我者無憂不富。衆曰無別。戴氏皇氏欲伐公。樂得曰不可彼以陵公有罪我伐公則甚焉。使國人施于大尹。大尹奉啓以奔楚。乃立得司城爲上卿。盟曰三族共政。無相害也。盧門宋東門禮運死者北首生者南鄉啓未立而夢北首死象在門外失國也咮鳥喙也北門曰桐門得爲大鳥而咮尾加二門有國之祥故云矣大尹以少寢之盟但以君命盟六卿我不在盟乃復與六卿爲盟唐盂地名襄祝名子潞即樂茷尹得即樂得與我與我親睦也戴氏即樂氏無別惡其號令與吾無別也公謂啓施施罪也〔別〕邊入 ○衛出公自城鉏使以弓問子贛且曰吾其入乎。子贛稽首受弓。對曰臣不識也。私於使者曰。昔成公孫於陳。甯武子孫莊子爲宛濮之盟。而君入。獻公孫於齊。子鮮子展爲夷儀之盟。而君入。今君再在孫矣。内不聞獻之親。外不聞成之卿。則賜不識所由入也。詩曰。無競惟人。四方其順之。若得其人。四方以爲主。而國於何有。此追記前事也。閒遺也。衛成公孫陳在僖二十八年。宛濮盟在僖三十八年。衛獻公孫于齊在襄十四年。夷儀盟在僖二十六年。出公十五年孫魯。今又孫宋。故云再在孫。詩周頌烈文篇。競強也。言國無競強惟在得人。使去聲。孫音遜。

傳 癸酉 二十七年。春。越子使后庸來聘。且言邾田。封於駘上。二月。盟于平陽。三子皆從。康子病之。言及子贛曰若在此吾不及此夫武伯曰然何不召曰固將召之文子曰他日請念越欲使魯還邾田駘上爲封界三子季康子叔孫文子孟武伯也皆從公與后庸盟病之恥從蠻夷盟也語及子貢而思之葢十一年子貢嘗辭吳盟故也文子恨季孫不能用子貢臨難而思之故言他日請念以過此不復念也駘音臺○夏四月己亥季康子卒公弔焉降禮公惡之故降禮不備○晉荀瑤帥師伐鄭次于桐丘鄭駟弘請救于齊齊師將興陳成子屬孤子三日朝設乘車兩馬繫五邑焉召顏涿聚之子晉曰隰之役而父死焉以國之多難未女恤也今君命女以是邑也服車而朝毋廢前勞弘駟歆之子陳成子田常也屬會也會死事者之後使朝三日以禮之乘車兩馬大

夫服也繫加也隰役在二十三年而汝也父郎顔庚為知伯所禽將出師而録汝事之子所以厲衆也

乃救鄭及留舒違穀七里穀人不知及濮雨不涉子思曰大國在敝邑之宇下是以告急今師不行恐無及也成子衣製杖戈立于阪上馬不出者助之鞭之

留舒穀皆齊地違去也師至不知言其整也濮水今在北直隸開州竟子思鄭大夫名大國謂齊大國宇下顛倒宜云敝邑在大國之宇下製雨衣[朝]音潮[難]去聲[女]音汝○愚按是役也舉仇以激之縣賞以歆之出之以不意應之以從容宜知伯之駕言而潛遁也

知伯聞之乃還曰我卜伐鄭不卜敵齊使謂成子曰大夫陳子陳之自出陳之不祀鄭之罪也故寡君使瑤察陳衷焉謂大夫其恤陳乎若利本之顛瑤何

有焉。成子怒曰。多陵人者皆不在。知伯其能久乎。知伯還師畏其得衆心也陳子謂陳成子十七年楚獨滅陳非鄭之罪今知伯誣以鄭故而欲以是辱成子故成子謂其多陵人秉中也察其中見滅之由也恤陳言當共討鄭也本根傾覆也瑾何有言陳滅於己無傷也不在謂不在於位知音智中行文子告成子曰。有自晉師告寅者。將爲輕車千乘。以厭齊師之門。則可盡也。成子曰。寡君命恒曰。無及寡。無畏衆。雖過千乘。敢辟之乎。將以子之命告寡君。文子曰。吾乃今知所以亡。君子之謀也。始衷終皆舉之。而後入焉。今我三不知而入之。不亦難乎。文子荀寅也此時奔在齊謬以晉衆恐成子成子疑其爲晉故欲以其言告齊君將察其誣而罪之荀寅自恨己無知故言君子謀事當

既慎於始慮於中又度於終三者皆舉而後可行今思之不詳而輕言自凶之由也[辟]音避○
公患三桓之侈也欲以諸侯去之三桓亦患公之
妄也故君臣多間公游于陵阪遇孟武伯於孟氏
之衢曰請有問於子余及死乎對曰臣無由知之
三問卒辭不對公欲以越伐魯而去三桓秋八月
甲戌公如公孫有陘氏因孫于邾乃遂如越國人
施公孫有山氏間隙也余及死問已可得壽終否也有陘氏即有山氏國人以公從其家出故施罪於有山氏杜預氏云終子貢之言君不沒於魯[間]去聲[孫]音遜○悼之四
年晉荀瑤帥師圍鄭未至鄭駟弘曰知伯愎而好
勝早下之則可行也乃先保南里以待之知伯入

南里門于桔柣之門鄭人俘酅魁壘賂之以知政閉其口而死悼公哀公之子寧也哀公出孫魯人立之早下之早服而爲之下也可行可去其師也保守也南里在鄭城外桔柣鄭城門俘獲也魁壘晉士鄭人因而執之以知政賂魁壘欲使反爲鄭閉口不答也〔好〕去聲〔桔〕賢入〔柣〕音迭將門知伯謂趙孟入之對曰主在此知伯曰惡而無勇何以爲子對曰以能忍恥庶無害趙宗乎知伯不悛趙襄子由是惎知伯遂喪之知伯貪而愎故韓魏反而喪之將門將攻鄭門入之令先入城也主在此言知伯何不自入惡貌醜也趙簡子廢嫡子而立襄子故知伯言醜貌且無勇何以爲嗣子襄子言已以忍恥保宗惎識知伯剛愎將殞其宗也悛改也惎毒也史記晉懿公之四年魯悼公之十四年知伯帥韓魏圍趙襄子於晉陽韓魏反與趙氏謀殺知伯於晉陽下

在春秋後二十七年自是晉益微至靜公
二年韓趙魏竟三分其地惎音忌袞去聲

春秋左傳註評測義卷之七十終